中華民國新詩學會編選

中華新詩選粹

主編：綠蒂
一信

國家圖書館出版品預行編目資料

中華新詩選粹 / 中華民國新詩學會編選. -- 初版. -- 臺北市 : 文史哲, 民 87
面 ; 公分. -- (文史哲詩叢 ; 30)
ISBN 957-549-149-1 (平裝)

831.86　　87007541

文史哲詩叢 ㉚

中華新詩選粹

編選者：中華民國新詩學會
理事長：鍾雷
主編：綠蒂・一信
出版者：文史哲出版社
登記證字號：行政院新聞局版臺業字五三三七號
發行人：彭正雄
發行所：文史哲出版社
印刷者：文史哲出版社
臺北市羅斯福路一段七十二巷四號
郵政劃撥帳號：一六一八〇一七五
電話 886-2-23511028・傳眞 886-2-23965656

實價新臺幣五〇〇元

中華民國八十七年六月初版

ISBN 957-549-149-1

（本書獲行政院文化建設委員會贊助出版）

序

中華民國新詩學會成立於民國五十六年十一月十二日，至去（八十六）年是整整成立三十週年了。理事長翟君石（鍾雷）先生主持的常務理監事會議中，作了三項決議：㈠舉辦「中華民國新詩學會」成立三十週年紀念慶祝大會，並同時召開民國八十六年會員大會。㈡盛大舉辦「新詩朗誦會」。㈢出版《中華新詩選粹》新詩選集。

第一項決議經於八十六年十二月二十一日，於台北市環亞大飯店舉行，由理事長鍾雷先生主持，會中並按本會常務理監事聯席會議之決議，贈頒本會新詩貢獻獎予鍾雷、鍾鼎文、紀弦三位歷年來最有貢獻之値年常務理事、理事長。由文建會副主任委員吳中立先生頒贈。會後聚餐，情況非常熱烈。

第二項決議於八十六年十二月三日，在台北市社教館盛大舉辦。除由三十餘位知名詩人親自朗誦作品外，並由該年大專組、高中高職組、國校組得獎之最佳詩歌朗隊參加朗誦及表演。計有國立師範大學、中央警官學校、建國高中、喬治工商、靜心小學、民生國小等校參加，並有古詩彈唱、古詩吟唱等演唱，極為熱烈與廣受好評。

第三項決議出版《中華新詩選粹》，因邀稿、選稿、編、審、排、校，接洽出版，發行均需時間處理，尤以經費籌措更需作最大努力。後經行政院文化建設委員會惠予贊助，方得順利出版。惟限於年度經費核銷，以本會之工作人員現況，時間頗為匆迫；而為適應實際情形，常務理監事聯席會議議定之僅甄選本會會員優秀新詩作品，也予以放寬為有關之詩友新詩作品。

我國的詩，發軔極早，根據古籍記載，已有四千年以上源流，較西洋詩創始者荷馬之詩作，還早約一千多年。而我國自古以來，對詩極為重視，孔子曾說：「不學詩，無以言」，這位影響中國社會、文學、人民思想最深最久的儒學宗師，甚至認為不學詩的人，連說話都不可能講出道理來的。實際上古代辦外交、理政治，都離不開詩的語言及內涵，至於詩在教育上，就更受重視了，科舉以詩取士，社會以詩論才，更是衆所週知之事。所以，詩於我國的重要性，是無可倫比的。

我國的詩，以唐朝最盛，而唐朝於詩是典型的百花齊放、萬家爭鳴的時代。在詩風方面，諸家各有所長，且均能受到尊重，皆可各自發揮，因而締造了我國文學史上，有詩一代的鼎盛時期。時至今日，我們一面歌頌盛唐詩詞方面的成就，一面也希望我們能在台灣造成一個媲美盛唐時代之新詩環境與成就。故本詩選的選詩標準，不拘於某一形式或觀念、意識，更不設限於某一派別或詩風；除了攻訐、辱罵、方言或政治意味濃厚者外，祇要是好詩，都在所歡迎，希能由這本詩選集，讓大家看到各種不同風貌、風采之詩作品。惟本選集之出版，時間匆迫，且實際工作人員過少，應有殊多未妥之處，懇請讀者及諸多詩友，如本詩選有不當及謬誤之處，能惠予指教及體諒。匆促付梓，草此短文，忝以作序。

綠　蒂

民國八十七年（一九九八）六月

中華新詩選粹　目錄

一信作品

一信，本名徐榮慶，公元一九三三年出生於漢口市，著有詩集《夜快車》、《時間》、《牧野的漢子》、《婚姻有哭有笑有車子》、《一信詩選》。另有其他著作及專題研究二十餘種。曾獲第六屆全國青年學藝競賽新詩獎，八十年詩人節大會詩運獎。八十四年文藝獎章詩歌獎。八十六年詩人節詩教獎。曾任中國青年寫作協會理事兼副總幹事，中華民國新詩學會發起人、常務理事、理事兼副祕書長。曾先後主編十餘種刊物。並曾任專員、課長、副經理等職。

浴火詩人

詩火焚過　你
龍之姿勢天際御風雷
花的顏色季節上炫嬌艷
夜空上用殞星寫死亡
滄海裡一聲大吼　詮證了存在

詩　焚你
你的眼睛與日俱昇與風俱揚
語言掀起狂飆
文字砂礫中揀粒粒真金
想像一次次焚燒
火舌吞噬庸俗後　你
非人　非怪　非神
非人　非怪　非神

自成一股烈焰
燃天地　燃海洋　燃風雨　燃星月
燃友情　燃愛情　燃親情
燃花燃草　燃樹燃木
燃自己成一炬太陽

選票的臉

看是方的　又似圓的
看是笑臉　又似哭臉
看是包拯的臉　又似嚴嵩的臉
像孫中山的臉
又似袁世凱的臉

多少企盼　痛苦　怨憤
都累積在這張臉上
都表達在這張臉上

而這張臉
　有時是高貴的臉
　有時卻是無恥的臉
　有時會變成貪鄙或恐怖的臉
這張臉　是有情卻又無情的臉
是你的臉　我的臉　也是他的臉

妳笑了

每一次容顏都風光　都燦爛
每一個姿式都繪畫　都雕塑
又風度成一株
永不凋謝的純白　且愛笑的玫瑰

笑了　自嘴角
飄逸出一道虹
笑了　眸子中

飄出許多花朵
風華姿成　藝術
藝術美成　風華
笑了　笑成一首
　越讀越美的詩

槍聲響後不知道什麼

槍枝剽剽悍悍的在咆哮什麼？
準心摇摇擺擺的在尋找什麼？
子彈蹌蹌踉踉地撞擊著什麼？
血慌慌張張泣訴些什麼？
嘴張開又閉著是想要說些什麼？
眼睜開又闔下除了死亡曾看見些什麼？
被殺害者的家屬哭哭啼啼抱怨些什麼？
人心恐恐惶惶懼怕些什麼？
治安人員忙忙碌碌查著了些什麼？

一堆堆文字一陣陣聲音能證實些什麼？
把戰爭的殺戮從無限大空間縮小成
車上屠場　街道屠場
軍營屠場　住屋屠場……
這又算什麼什麼……？
槍聲響後
安全是什麼？安定值什麼？生命算什麼？
槍聲響後
血腥中能掃除些什麼？
槍聲響後
不知道什麼　不知道什麼
一點都不知道什麼……

丁穎作品

丁穎原名載臣，字逸幹，號長春，別署夢痕齋主人。皖籍，一九二八年生於北中國潁水之濱。世以耕讀傳家。髫齡失恃，養於舅氏。七歲執禮謁聖，旋讀鄉黨小學。中日戰起，負笈他鄉，嗣卒業安徽大學。性淡泊，薄名利，任俠尚義，不拘禮俗。著有詩集《第五季的水仙》、《不滅的隕星》，散文集《西窗獨白》、《南窗小札》、《北窗雁語》，小説集《白色的日記》、《寒窗春曉》等。曾任記者、編輯、教員、社長，現爲藍燈文化事業股份有限公司董事長，開封大學名譽校長。「詩潮」詩刊發行人。

五月祭

——時曖曖其將離兮
　結幽蘭而延佇——《離騷》

當我走過五月
總愛配一朵燃燒的榴花
一葉絨絨的黑艾
於是我便想起那個懷沙人
想起一本厚書裡
　塵封了的那一段時間
而悄悄地把一些角黍
投入茫茫的煙波，而且
低吟著《九歌》，召喚那
煙柳長堤縈繞的夢魂

如今，又是五月
又是榴紅艾綠的五月
島上人，正忙著收割女子的三圍
　　忙著給纖腰玉腿攝照
沒有誰再記起三閭大夫的哀愁
　　記起那泣咽的《國殤》

唉唉！我摘下襟邊的榴花
　　祭于東逝的長流
碧海渺渺，蒼冥悠悠
那汨羅江心采句的詩人啊
　　幾時歸來

第五季的水仙

　　嚶其鳴矣，求其友聲

晴空似海，你是海上銀色的萍葉
夜色如水，我是水中雲的投影
偶然交會，躑躅於西門水湄
零時過後，我的依戀繫不住驪歌
　　繫不住你貓般的足音

你源自山靈，源自善，源自美
　　源自莽莽蒼蒼亙古的純真
而對你，猶如面對冬日的陽光
春的花顏，以及
　　久別的故知。而你啊
是一莖成長在第五季的水仙

跋過四季之末，我將走向你
在沉落的日子，你是召喚
是援引，是提升的絲綸
忘卻凋謝的歲月，穿過
精衛鳥的嚶鳴，唉
　　我真的走向你

生命的樹

西風裡，一片片
　飄逝的落葉
一如每一個流浪的日子，以及
　那永不再來的青春
如今，剩下的
乃一光禿蒼老的軀幹
　　　　　　仰望著
蒼穹，以一種無奈

但當春來時，枝柯問
　又呈現一片郁郁新綠
一如我滾滾的鄉愁，覆蓋著
　　每一寸童年的記憶

春的感知

那個大雪人的眼淚
埋葬了，冬的影子
大地的脈流，注以甦復的血輪
逐漸地，膨漲、迴旋
以不可測的，生之流量
　　　　越過冰封的日子
而一新的感知與驚喜
滾動在，佈穀鳥的舌尖上
我側耳傾聽，泥土有釋放的吶喊
幽禁的生命
　已醒來，微笑
向東方，在春的第一道晨曦裡

丁文智作品

丁文智，山東諸城人，民國十九年出生，省立師範畢業。作品包括詩、散文及小說。出版有長篇小說《小南河的嗚咽》、中篇小說《尹二爺》、短篇小說集《轉變》、《力爭上游》、《人性的光輝》、《記得當時年紀小》、《再看他一眼》、《吞了餌的魚》及詩散文合集《一盆小小的月季》等多種。

曾獲國軍第十一屆文藝金像獎短篇小說銅像獎、中篇小說金獅獎等。

詠達觀山神木

眼前二百階
身後七十米
而你一動未動
盤根錯節在那三十手圍的方寸之地
昂昂然的　如此一站
竟是兩千八百年

風雨中的歲月
挺五胡亂華的　當然
險是險了些
不過那些開了又謝的血花
卻有另類看頭

多少興亡史
多少世間情
無不自你冷冷眼梢一一閃過

像燃了五千年的那把燹火
　燒完了春秋
　燒戰國……可不就如此一朝朝一代代
　　接著力的燒　燒……

兩千多年未痴呆
而仍能蓬蓬勃勃的自我舒展
像西周厲王以降的
那些刀光劍影　那些血流漂杵
即是難以自展不開的史卷裡窺破
卻可自你一年一輪裡歷歷見證

相信
守著今朝的榮景
必將活出另一番翠綠
尤其在環保盔甲的庇護下
定然是再無人傷你一枝一葉
　　　　　　　　一根一鬚

夢

——母親的畫像

雞啼三遍
（總是這時刻）
連討夜人
都急著趕回家　掀
那些尚留一絲餘溫的熱被窩
而您　卻孤寂的
就著一身冷
翻身而起

總披著那件霉味刺鼻的
心愛的斜襟花襖
然後走進天井
然後把眼拋向星空

然後
　　無端無不端的注視久久
久久無視寒氣凜冽
　　無視層層霜白在髮頸間覆滅與重生
　　也無視那斜斜的襖襟
　　被風那痞子
　　翻弄一張開闔無度的
　　　　帘布
娘啊　您失神如此之深
難道就只為仰望而仰望
還是當真
要把暗空看破
　　　　看老
　　　　看荒
甚或想在天意裡
找尋那份不存在的公允

是的
雞啼三遍後
（總是這時刻）
您像做完一樣功課
而滿足的
自心中傷感地帶走出
未落腳
甚至連轉念還未來得及
胸臆間
便又浮現出
開墾另塊夢土的心思
不過　娘啊
你可知道
夢　是不能種植的

大荒作品

大荒本名伍鳴皋，安徽無爲人，一九三〇年生於長江岸邊，幼讀私塾，奠定古文基礎。四九年隨軍來台，度過二十年軍旅生涯，解甲後轉任國中教師。先寫小說，隨即陷入現代詩潮，於是寫作成雙軌進行，《有影子的人》、《火鳥》等四冊小說均成於四十歲以前。中年著力於散文，也寫了《在溪邊的小站》等四本。五十五歲後專當詩人。出版有劇詩《雷峰塔》（曾改編歌劇）、詩集《存愁》、《台北之楓》、《第一張犂》等四冊。

鼓

矮冬冬
胖敦敦
兄弟於酒桶的形貌
無簧
無絃
無孔
無管
無宮商角徵羽
只有二片牛皮肚子
緊繃著
輕敲咚咚
重擂嗵嗵
屬革，漁獵時代的遺緒
其聲粗

其氣壯
其韻鈍濁
出於八音而外於樂隊
偶入
依然是獨特的音點

咚……咚咚……
好土好孤獨好熱烈呀
衙門前鳴冤
沙場上鼓氣
節慶中聲震四野
當日頭下山
它從寺院大步出發
一路扶踉蹌的腳步
叩沉睡的心扉

魔術師

你可別當真
我玩的全是假的
我的誠實就建立在一點也不誠實上
這是我的職業性質
我玩得鬼詭
你觀得出神
我就不虧你一張票價
你也不枉我一番苦心
我是技巧主義者
唯美、浪漫而又超現實
小把戲是空空的禮帽飛出鴿子
大玩意則是掀開袍角
端出一桌豐盛的筵席
外帶一罈酒

人非超人
術非妖術
我們只不過
同自然法則躲貓貓
同物理現象開玩笑
打視覺的謎語
變科幻的疑案
沒有嚴肅的主題
沒有深遠的意境
更沒有意識形態
全部目的僅在創造解構的趣味
使正確謬誤一下
使呆板活動一下

可乎不可
然於不然
讓你瞪大眼睛
目擊

空間換位
時間加速
而駭！怪！驚！喜！
拍案叫——
絶！

種梨

山人不過略施小計
把時間縮短
把過程加速
俄而間
教你們從根苗花實
見成盛壞空
領悟
無中本有
有復歸無

附記：本事見《聊齋》

大蒙作品

大蒙，本名王英生，一九四八年出生，浙江義烏人，政戰學校影劇系畢業。從事平面設計和商業攝影，爲大蒙工作室負責人。設計和攝影作品曾多次編入各式年鑑或巡迴展出，詩作曾獲第二十屆時報文學獎評審獎。詩觀爲：我喜歡讀詩，喜歡它的詩意不站在我的眼前，卻是藏在屏風的後面。我明白詩人把它藏在那裡，因爲他給了足夠的暗示，這樣的默契帶來美感。不喜歡一種詩，從頭到尾我必須是福爾摩斯，像捉拿兇手一樣，在蛛絲馬跡中搜尋詩意的行蹤，畢竟那只是讀偵探小說，即使有快感，仍然不是美感。

午夜的戀愛

右邊電視機
左邊德布西
客廳中央鋪了張涼席

蛋黃色檯燈是燒著的盆景
香水百合半倚在海藍玻璃瓶子裡
二十四小時，我們談著戀愛
在夜的連續呵欠下
老古板意識型態壁鐘
成了我們的情話製造機

指尖是兩個靈魂的肢體語言
而標點符號的熱唇總讓人癡迷
我們找不出什麼誓詞相互贈與
餐桌前的高背座椅

正穿著她的調整型內衣

薩伊仍未解決難民安置問題
叩應電台還有談不完的統獨爭議
我撒一整鋁箔包茉莉花香
在她雪白的胸脯，睡眼惺忪地
一個瞌睡一個吻，越吻越低
牆角落，單足而立的舊電風扇
搖頭不已

天亮之後，我將當兵報到去
背包裡藏一本晦澀的詩集
聽說愛情因這樣的分離而死
—俗稱兵變
我也不確定是否有不一樣的結局
自同一個命題

小小角色

每一顆光頭顱在瓜田裡參禪
工業區橫躺，對天空抽著大煙
貓頭鷹隱身樹叢，無所事事
國會議員在睡夢中還霸佔著講壇
我是個小小侏儒，穿一襲可笑衣衫
為仰吻妳飛揚的裙裾
吃力地墊著腳尖

情書如何寄到夢裡？得問郵差
顧問建議：愛情送去股市掛牌
男子氣慨百貨公司有，但須要購買
焦慮指數剛一翻紅就造成災害
我是個小小偷兒，慾望不高身手快
只竊取妳瞬逝的笑容
摺藏在貼心的衣袋

聽雨夜裡被擊碎的杜鵑使人惆悵
飲詩稿沖泡的咖啡，一杯就要斷腸
答錄機輕嘆：唉！形勢終不能勉強
誰敢在悲劇的中場穿梭擺盪
我是個小小傻子，愛情的智障
寧願花費全部生命
為妳兌換一枚初昇的月亮

《釵頭鳳》解

就著紅酥手，喝了黃縢酒
那個三十歲，離過婚的男人—陸游

蘸一整闋釵頭鳳，把愁緒提上粉壁
禹跡寺在山陰東南四里

從此，驚鴻倩影便經常在夢裡尋來
淚白的臉，握一方紅色綃絹
一站五十年

消息在沈園的花姑娘口耳間相傳
滿城春色便全識了咽淚妝歡的唐婉

沿宮牆流浪，柳枝伴輕煙婆娑
尋池閣臥眠，桃花隨綠水漂泊

那前半世的苦澀，剛剛獨自飲過
這後半生的……錯、錯、錯……
向誰舉杯？

續絃妻王氏，這無辜的第三人
……正含淚默默……

心　笛作品

心笛，本名浦麗琳，祖籍江蘇常熟，出生於北平，為五十年代美國紐約市「白馬文藝社」社員，現任職美國南加州大學圖書館，著有《貝殼》、《摺夢》等詩集。詩觀為：詩，可以意會，卻不易言傳，它是心靈園地裡的一種風景，好與壞，全是作者讀者心中境界的反映，我最喜愛的，是用眞實生命來寫的作品，一如石濤或梵谷的畫作，讓你看到一個生命在太空中孤單劃過的閃亮。

椅子空空

椅子空空
坐的人已遠去
外套櫥中呆掛
穿的人不再來取
廚房煙火熄
展開的書卷沉睡茶几
往昔朗誦低吟的詩聲句句
如今已止息
只見滿排依牆的書冊
垂首肅立追思憑弔

小屋冷冷
像座古廟
淚落無聲空自滴
後院雜草叢生
小松鼠爬上石階探望

不知屋內的老主人
已化仙歸西

心帆

心是獨行的帆
不聽舵手的指引
朝著你
駛去　駛去

該忘卻的
又記起
當冬季初臨
霧重重
水寒寒
早該轉回頭了
時已不早

天已昏暗
沒星月的暮晚
一葉孤帆
沉思飄遊
在沒搖槳拍水的
寂靜中

古城

槐樹細葉，
遮不住風沙，
八月的太陽乾曬著，
腿了色的紅牆。
我穿著藍色白底的布鞋，
輕輕走在小胡同的泥路上，
數門牌號碼，
探看四合院裡花草掩蓋著的人家。

幾十年前，
我出生在這古老的城市，
如今卻成了摸不著路的外來客，
到處會引來些微驚訝。
記憶是一隻破了的網，
撈不回過去的年歲和青春，
深埋著逝去的壯懷和願望。

母親早變成了骨灰，
沉默在不同語言的墓場，
靈魂的寂寞啊，
忍飲著時代的荒涼，
母親惜不能和我一樣，
重新活生生地踩著中國大陸的土地上。

隔離　流浪，
作客異鄉，
都是革命切碎的血醬。

和平，
真正的和平，
何時真能來到愛鬥爭的人們心坎兒上？

王　幻作品

王幻本名王家文，一九二七年生，山東蓬萊人。東北大學中文系，美國世界文化學院榮譽文學博士。《桂冠詩社》創辦人，《中國詩刊》社長。中國詩歌藝術學會常務理事，中華民國新詩學會監事，《聯合報導》總編輯，三月詩會發起人。著有《情塚》、《時光之旅》、《秋楓吟》新詩集，及其他文集《鄭板橋評傳》等十多種。

春的呢喃

那似曾相識的燕子
是否自朱雀橋邊飛來
昔日的烏衣門第
化作唐人的詩草

翦翦雙鉸
彷彿兩條青絲髮辮
上面紮著活色的蝴蝶結
搖曳春的消息

每當斂翼含香
顧盼即將離巢的乳燕
再三地軟語叮囑
切切記住回家的路

盲人之歌

他是盲於目
不盲於心的盲人
一根枯竹杖
乃覓路的眼睛
一面報君知
乃開道的鑼聲

沒有導盲犬
不設斑馬線的時代
僅憑這根枯竹杖
走遍了大街小巷

他另背負
一張三弦的古琴
每當清風明月之夜
便彈唱幾曲
忠孝節義的故事
為人間立榜樣
為古今鳴不平

失明的雙目
有眼不見為淨的好處
只管揚起堅挺的枯竹杖
踏著顛躓的人生
探索自己的路

一盆月季在笑

——致丁文智詩友

你從山東老家
帶來一盆小小的月季
它的枝莖只有
麥管那般粗細
而且有些
奄柔待斃的樣子

萬里迢迢
打彼岸移到此岸
面對拳頭大的泥盆
你用愛心勤於澆水
　又勤於施肥

終於乾癟的枝枒冒出
一小片一小片
楓紅色的嫩芽
綻放生生不息的春意

珍若拱璧
珍視這盆故土的月季
因它是你八十歲的娘親
用顫危危的手
自老榦壓出的新枝
看到它如看到
一張慈祥的臉在笑

送別李春生詞長

無論有多少
眷戀、牽掛和難以放下
該走的時候總得要走
誰能留住你的行腳

如想走得瀟灑自在
最好哼著自己得意的詩句
便不會感到孤獨感到無聊

啊！朋友
我恍若聽見你高亢的聲音
從窈冥之鄉傳來
訴說白髮紅顏的情結
至死仍未解開

你是一個多情的人
而且老而彌篤
最後帶著刻骨銘心的思念
邁向這條不歸路！

王在軍作品

我姓王名在軍，湖北省自忠縣人，陸軍官校二十一期步科畢業，曾任上尉連長。不幸，因失職，我默然下來了。

自此，即從事新聞、文化事業，我苦寫的《理想世界》三萬行長詩出版後，使我進入世界詩壇，並獲得美國加州文學博士學位，這使我笑了，也使我哭了，感謝多位老師們的教導有方。

別扭斷了我的視線

醉人的春天裡
那懷春的雲喲
像熟透的少女
在大跳脫衣舞

愛

我揹著長劍　提著短刀
但我不忍砍斷風的頭
　不忍剁掉水的尾巴
啊　劍你去罷　刀你去罷
化兩朵鑲滿愛字的白雲
去得遠遠的　遠遠的
遠在宇宙之外
哦　風太可愛　水太可愛

還是讓風輕輕的吹
讓水緩緩的流吧

拔河

兩隻雞
鉗住一條蚯蚓
在拔河
牠們為的並不是冠軍亞軍？

笨豬

人指著豬
罵豬
是一個笨豬
豬　笑笑
搖搖頭
不敢反問
很有一些笨風度

王祿松作品

王祿松，海南文昌人，民國廿一年生。幼隨母吳儒彩女士誦經唸詩唱歌，父苐喆公親授文章書畫及講演術。十四歲獲畫獎。十九歲全軍論文比賽第一。廿歲寫詩當日記。其後四十年間，獲國家文藝詩獎、中山文藝詩獎、國際藝術金鼎獎、金像獎、金筆獎等四十六項獎勵。獲美國榮譽文學博士，舉行畫展二十八次，出版著作廿三部，新詩、傳統詩、水彩、水墨、小品、散文、論評，皆所涉獵，並喜愛詩歌朗誦藝術，自稱是一位：不會成名的男高音歌者。

小詩十一粒

憐惜

夜裡，我用詩，輕輕地，塗抹那
在白天裡被人類踢傷的，地球。

美的倦眠

久久等著，一直都沒人來翻讀的
一冊美學，在自己的美中，睡著了。

存愛入愛

妳用玫瑰，喚我入詩。
妳用秋水，剪我入夢。

惜秋

疏林悲白，紅葉瀝血，誰忍秋飄泊？
將歎息掛上枝頭，詩句相抱而泣了。

治累

只服用一大粒的夜，一小粒的夢，與少許
鼾息，便治癒了，整日的忙累。

可憐蟲

分手後第一個晚上，
氾濫的淚潮，漂走了一張床鋪，
焚燃的相思，燒焦了半箇枕頭。

唯眞

拍落肩上風雨，把日子扶正，
我緊握陽光與愛，
將自己出版為，一本詩選。

想妳

夜裡，我忍不住相思深深。
熬不到三更，便變成一粒
哭扁了的，紅豆。

雁行

歌喚萬里江風，
翅剪千秋明月；
著述海角，撰寫天涯，
雁是奮飛的筆。

孤鶩

從水墨中飛起孤鶩，
淚花濺濕了半卷盛唐；
把寂寞唳成殘月，
將自己飛成悲傷。

載著

載著青山的祝福，白水的叮嚀，
我是一葉文學的小舟—
航，是一篇流麗的散文，
泊，是首甜美的小詩。

王詔觀作品

王詔觀，高雄師範大學國文系畢業。高雄市文藝協會、葡萄園詩刊、大海洋詩刊會員。曾獲高雄市國語文競賽七八、七九、八三、八六年優等，八十六年台灣區國語文競賽優等，八十五年台灣新聞報西子灣副刊年度最佳詩人，八十六年獲中華民國新詩學會頒贈優秀青年詩人獎。詩觀爲：從讀詩到創作詩的過程，如一壺茶葉，剛沖泡時略帶苦澀，沖幾泡後，味道逐漸甘醇，令人回味無窮。一首膾炙人口的詩，常是超越有形、無形的現象界。寫詩的人，一定要多方面嘗試，才能不斷自我突破，表現人生多采多姿的智慧。

印鑑

剛正不阿的筋骨
鏤刻著金石盟約
一生一世守候
忠誠不渝的圖騰

踩過滄桑的一塊花崗石
沉默在薄薄的歲月中
要把胸中塊壘
瘦成一方詩稿

想起國畫小品中的丘壑
非能言善道
非強詞好辯
祇是代言的奴隸

這麼溫柔的一枚胎記
許是落入凡間的謫仙
只要有寸土之地
你就冠冕堂皇
烙上證果的血誓

仙人掌

是誰遺忘
一把倒豎的琵琶
無情的風
總愛彈奏
它纖細的心弦

在相思關外
戍守的邊卒
滿腹離騷
只有一針一針地
將誓言
在臉上刺青

向空曠的寂寞
面壁
只因負心漢的輕諾
卻得永世
償還真情的折磨

傘

天雨時
撐起即興樂臺
演奏酣暢淋漓的音籟
柔情似水
豪氣磅礡
都是一齣渾然天成的交響

天晴時
高舉開闔自如的圓舍
菩提的綠蔭
覆蓋禪機
屋外是十里紅塵

髮

——獻給母親

年輕的時候
母親的髮
如蜿蜒曲折的小河
我是一葉小舟　划動
快樂的雙槳
航向童話的港灣

歲月　行腳
逐漸停靠中年岸岩
不禁回眸
妳用青春付梓的歷史
竟是錐心刺骨的等待
鋪成的一條
羊腸小徑

仰望天空的暮雲
在時間倒影裡漂泊
尋尋覓覓
多少塵封的往事
剪貼　寂靜的畫冊

怕雪白的浪濤
在地平線的那一端
不斷　洶湧
翻騰

王憲陽作品

王憲陽，民國三十年生，台南縣歸仁鄉人。台灣大學中文系畢業。曾主編台大《海洋詩刊》、《藍星詩頁》、《藍星詩刊》。民國五十六年獲新詩獎，民國六十年獲中國文藝協會詩歌創作獎。出版詩集有《走索者》、《千燈》、《愛心集》、《紅塵塵紅》。並曾編選《新詩金句選》出版。曾擔任中小學教員十年，現職紡織業。

秋．登長城

——八達嶺段

秦朝過後，漢唐
永樂過後，明清
白露過後，霜降
鴻雁過後，單飛
夢醒過後，驚悸
黑髮過後，半白
秋分這個時節
才來登臨長城的萬里

遠眺東南西北
城牆擠著峰巒蜿蜒而去
所謂的塞北，牧馬不再
所謂的烽火，灰燼已熄

所謂的兵荒，干戈長埋
所謂的家書，春閨難尋
都成為殘簡的歷史
在此迎風翻閱著

仰望的眼神不斷
讚嘆的耳語不斷
牽引的臂彎不斷
攀登的腳印不斷
擺弄的雄姿不斷
相機的焦點不斷
由黑白換成彩色
仰著時空俯看長城的古今

相同的膚色在此投緣
相同的語言在此把歡
只是我即將南返
而你們或是北去

即使不成為天涯
但是隔著的兩岸海峽
就似古時的長城邊關
峙立

暮靄了
炊煙升起
朦朧了遠方的城堞
以及多少昔日的戰爭
燈亮了，亮在現代
讓我能夠細數來時的陡路
卻看不清楚比鄰的兩岸
那年以後的臉譜
在秋風中
任人茫然

在白令海峽遙望昔日蘇聯領土

七月末
飛越國際換日線
繞道過北極圈
趕到諾姆這個荒涼小鎮
午夜十二點的太陽未墜高懸著
隔著五十年後
隔著陌生的白令海峽
向西遙望舊時的蘇聯領土
此時是凌晨四點旭日已升
冷風迎面吹來海鳥
海上粼粼波光起伏
伴我徹夜地遠眺對岸

昔日從髮直到髮白
常常藉著地球儀
指著一片不毛的冰原
詛咒帝國的版圖
如今卻瞬間雪崩了
整個龜裂瓦解了
嗜好侵略者的下場
該如此戲劇性的落幕
仍抹不去心中的記恨
撫平不了歷史的傷痕

有人在喊我整裝出發
只好把手中的飲料空瓶
用力地擲向大海
並且大聲的喝去
雪崩了
瓦解了

水若作品

水若，本名藍雲紋，一九六三年生。一九八五年，私立實踐專校（現實踐大學前身）畢業。一九八八年赴美，一九九〇年取得電腦碩士學位。曾任電腦程式設計師、電腦系統分析師，現任專科講師。返台後，開始嘗試寫作，一九九八年參加中國文藝協會「新詩寫作研究班」，正式學詩。

學詩

攤開生命的畫布
想再畫一幅畫

打開電腦
「調色盤」再也調不出
我要的顏色
「小畫家」再也畫不成
我夢想的圓

衝入無色的街坊
尋覓詩的染房
問綠蒂先生要一紙綠
向愁予先生借幾抹愁

畫棵橄欖樹苗
再畫一個灌溉的我

畫作完成時
要獨坐那橄欖樹下
細聞桂冠般
淡淡的清香

放風箏

畢業前夕　謹以此詩獻給
全班四十一位我心中永遠的天使
導師　寫於一九九八年

放一隻　叫
別離的風箏

往前跑　是必要的　就像
風箏注定要飛行

振翅　是必要的
鼓動四十一雙天使的翅膀
才能享受滑翔的樂趣

心也在
瞬間　沿著線
竄
昇
入
天
際

我的手抽動著我的風箏
我的風箏也拉引著我的心
每一雙天使的翅膀
都是牽動的方向

在線上溜過一層又一層
又一層
思念的蠟
願線索別讓
時間的強風吹斷
收線時　還要尋回我的風箏

方　羣作品

方群，本名林于弘，一九六六年生，台北市人。台北市立師範學院語文教育系、私立輔仁大學中文研究所碩士畢業，現就讀國立台北師範大學國文研究所博士班。現任教職。作品曾獲耕莘文學獎、中華文學獎、大專院校新詩創作獎、文建會新詩創作獎、優秀青年詩人獎、青溪文藝金環獎、陸軍文藝金獅獎、國軍文藝金像獎、中部文學獎、教育部文藝創作獎、聯合報文學獎、藍星詩社屈原詩獎、創世紀四十週年詩創作獎、吳濁流文學獎等等。著有新詩集《進化原理》、《文明併發症》，論文集《初唐前期詩歌研究》。

一顆星子飛出我注視的眼眸

一顆星子飛出我注視的眼眸
你驚訝地呼喊著
像是童年裡成長的茫然記憶
每種天明前的怦然心動
在相對的無言中，逐漸
脫離我們熟識的星圖

風總是愛開玩笑
把你的鞦韆推得特別高
孤單的影子在夜裡釀成一杯濃稠的黑咖啡
你卻不願意假裝比我早醒來

也許這一切都只是細節

你沉默地枕著我的手臂不再哭泣
走過那一段空曠的意識長廊
說與不說——
總不免習慣想起，那些
喜歡徘徊在季風中的
雷陣雨

生離死別

·生·

活著是一種奇蹟
我相信，你不相信
所以，我活著
　　你死了……

·離·

不是你
就是我
　　　走
或者——
讓我們一齊離開
這令人不安的虛偽版面。

·死·

死了也好
什麼應酬的話也甭說了
只要，冷冷地——
　　冷冷地——
學習適應自己。

·別·

想不起別人名字的時候
就是該走了
像，沉默的現在
最好如此。

遊南橫 過大關山隧道有感

前言：大關山隧道位於南橫公路之最高點，爲高雄與台東二縣之交界，標高二七二二米，全長六一五米，單線通車，左右輪流以紅綠燈管制。內部陰冷潮濕，無任何輔助照明，徒步行走於其間，備覺萬分之艱辛困苦……

不見五指的黑
籠罩著
愈行愈遠的光源、
微弱的視覺感應逐漸被恐懼抹黑
前面的路
還是未知的曲折與坎坷
點點，滴滴
有些輕微的心跳在靜謐中迴盪

在這生與死的虛擬交會點
走過的記憶多？
還是沒走完的未來少？
連上帝的直覺也未必清楚明瞭

在這個潮濕黝暗的生命隧道
路仍在腳底，緩緩
匍匐前行
下一秒鐘
來來，或是往往
曲折，或者坦蕩
我們仍鼓起最大的微弱星光
向遠方眺望。

文曉村作品

文曉村，河南偃師人，一九二八年生，國立台灣師範大學國文系畢業。美國加州世界藝術文化學院榮譽文學博士。現任《葡萄園》詩刊發行人，中國詩歌藝術學會理事長，中國文藝協會、中國作家協會、中華民國新詩學會理事，世界華文詩人協會常務理事。著有詩集《第八根琴弦》、《一盞小燈》、《水碧山青》、《九卷一百首》、《文曉村詩選》，評論集《新詩評析一百首》、《橫看成嶺側成峰》等多種。其作品曾獲文藝獎章等多項詩獎。

雲的變奏

如同遊子
從天涯極處歸來
把一件汗濕的白衫子
晾在黃山的老松崖上
不知羨煞了多少
登山者的目光

唉，這樣自由自在的
逍遥子　為什麼
也會黯然哭泣？
莫非他也跟我一樣
忘記了回家的路

至於上帝為什麼
偶而也要用他的眼淚

懲罰大地的兒女
恐怕不是只憑祈禱
所能解答的難題

心燈，永不熄滅

從元宵節慶的燈會中
急急逃出
一個光的戀者
竟不能忍受
眼花撩亂的燈光
如繁絃急管的奏鳴

書屋是一座避難所
你企圖以詩句
驅逐心中的不寧
不知從那裡飛來
一隻戀光的小蛾
繞燈旋飛。因不忍
面對可能發生的悲劇
遂伸手推開窗扉
如推開一道生死的窄門

太陽只能白晝出現
星光遙不可及
誰能伴你走過
這漫漫的長夜呢
除非你能點燃一盞
永不熄滅的心燈

寂寞三重

觸及清醒
就如觸及那些飄動的塵埃
就覺得書桌和玻璃窗都有被玷污的不幸
而塵埃也有未能凝入泥土的悲哀

遂想探首窗外，招喚風來，雨來
如果尼采不曾宣佈上帝的死刑
　我的第七日不曾被撕碎
　我也不是屋角的一株盆栽

每一聽觸
那些令人厭惡的嗡嗡唧唧
就有極欲嘔吐但卻無法吐出的澀苦
遂決定以*DDT*進行殘忍的戰爭

或是牠們的祖類繁多
或是沒有神靈收留牠們的陰魂
如果我被那可厭的聲音窒息
我承認：我乃一失敗的暴君

它是非神之神，非鬼之鬼
集善惡美醜於一身
慣於在顫慄的低語中
以磁性的柔刺，撩人憂鬱

即使以佳釀，美女，諸般的手段與賄賂
都不能滿足它那貪婪的胃口
一如那驅不走，逐不退的陰影
於我滴血的心靈

台　客作品

台客，本名廖振卿，一九五一年生，台灣省台北縣人，國立成功大學外文系畢業，現爲《葡萄園》詩刊主編，已出版詩集四本《生命樹》、《故鄉之歌》、《鄉下風光》、《繭中語》（大陸版）。詩觀爲：詩是狂風、暴雨，詩是閃電、雷霆，詩是一朵──帶怒的玫瑰。是的，在宇宙中，詩無所不在，只要我們有一顆善感的心。

鐘乳石

從歷史的深處
秉燭而來
我期待著，期待著
您，知音人訝然的尋訪

密閉的山洞中
不見天日的幽黯裡
多少成長的希望化成泥
只剩下我，一個執著的
靈魂，醒在黑暗最深處
任冰涼的水滴，日夜
不停止地侵襲
（點滴在心頭）
啊！成長一寸的代價
竟是千萬年時光距離……

從歷史的深處
秉燭而來
我期待著，期待著
您，知音人輕聲的驚呼

早報

(一)

它總是絕早而來
清癯的顏面上，偶爾
還沾了些雨露風霜
像會晤一位老友
我打開它——
它滔滔地向我訴說
這世界發生的
歡與樂、哀與愁……

(二)

這是一扇窗
開著全世界的風景
這是一扇門
迎著全世界的消息

這是一隻早起的鳥兒
每天早晨，它撲打著
墨香的翅膀
翩然飛臨……

颱風

浩浩從海上襲來
你大自然的暴君
伸侵略者的魔手
摧殘這美麗的大地

在夜的黑幕掩護下
你淒厲地狂號者
且不停地四處搜尋
敲擊每一户人家的門窗

你狂號著，在高山
在平原，在海上
像一頭發瘋的野獸
盡情地肆意破壞——

你拔起了連根的巨木
你推倒了整棟房屋
你把橋樑的柱子折斷
又掀翻了一條條遲歸的船

你引來了滔滔洪水
淹沒無數農田房屋

你把道路切成一段一段
讓所有車子望路興嘆

你的狂風不停吹著
你的暴雨整夜下著
世界好像陷入末日
所有生命惴惴不安

直到白日之神降臨
太陽從雲隙透出亮光
你才收拾起猙笑
悄悄地退回海上

伊　凡作品

伊凡，本名吳冠輦。一九五二年生，台灣嘉義人，現居台中市。著有詩集《牆有琴》。

年少時期與渡也於嘉義創「拜燈詩社」。三十歲後因疾病停筆十數年。癒後，筆端轉以佛事入詩，餘不涉。

讀經

總是恭敬了身心
搭衣展具，才敢
開啟經文，彷彿
佛住世
我們圍坐於阿蘭若
讓耳代目
洞見秋日流光微微笑著
身上三千毫毛
皆歡愉立起
傾聽未曾聞過之母語
解說身世

詩情

觀想歡喜淨音
籠聚聲波凝成明珠

光光相照
晃漾世間所有
人與非人，欲聞雅音
但先念淨
當能隨口誦唸
溫暖與清冷
合和湧出的情意

聽雨

這纏綿黏膩的雨聲
縈繞耳邊
叫人坐也坐不定
經行也感覺十方局促〔註〕
學不會聽心何所訴
只聞得一聲，
兩聲。水珠滴簷
若有所思
消息脈絡還得期待
第三聲。
傾聽也好，閉耳也好
總是依緣在無盡的水幕珠簾中

只有凝目讀經
初是拒不聽雨
末了雨聲梵語淅淅瀝瀝
觀自在起來了

附註：經行爲坐禪欲睡時於一定之地旋繞往來，可防睡兼養身。

新茶

新茶猶等薰爇

山色次第黯沉
待聞茶香盈室
將是爐火滅燼時
誰能知道

諍辯

即可成就火候因緣
堪與共談株種與位處

實相便是

荒山初闢，霧薄日眇
為壯苗株故
年末只採少許青
祇夠自受用
不予外行人
縱使今日轆轤舌端
汲出相逢恨晚的水影，不過
也是客人
今來明去
所以，與你淺嚐三兩杯，餘
不許思量

來不及攝念
又是一枚詭雷
在報紙的頭版，引爆〔註〕
炸得菩薩心腸
碎裂萬段了

僅留一絲聲聞
逸出現場
浮沉於殘破耳目

對於斷絕慧命的慘劇
在我心裡，阿蘭若比丘
與初發意菩薩
正展開一場諍辯
而無暇修行

附註：驚聞白曉燕罹難，悲痛無名思及人心叵測，
菩提道次第艱辛遙長。有感。

向　明作品

向明，本名董平，一九二八年生，湖南長沙人。軍事科技學校畢業。藍星詩社同仁，台灣詩學季刊創始人之一，曾任藍星詩刊主編及台灣詩學季刊社社長。著有詩集《雨天書》、《狼煙》、《青春的臉》、《水的回想》、《隨身的糾纏》、《向明自選集》。童詩集《螢火蟲》，詩話集《客子光陰詩卷裡》，《新詩五十問》及散文，童話集等。編選有《可愛小詩選》及七十三年、七十九年、八十一年年度詩選。曾獲文協文藝獎章、中山文藝獎、國家文藝獎。世界藝術與文化學院曾授予榮譽文學博士學位。

窗外的加德麗亞

全未經意的
窗外那株淑女般的加德麗亞
一夜之間
暴露得
就像街頭那個
穿著褻衣招搖的尋歡婦

值此之時
我正低頭留神捕字入詩
想我的
非非心事
目光正經忙碌得
如一支穿梭黑夜的電炬
異色與我何干乎

當然
除非我的詩中
冷不防地
掉進了幾個
惹火煽情的
錯別字

盪秋千

使力擺盪吧
迎風而上
仰頭去與雲比高
趁勢而下
俯首與泥土平行
最好橫成中間那條天地線
讓同伴惻目
要對手驚心

窄窄的踏板
是落腳的唯一國土
祇要兩手把持得穩
可以竄升為
一柱衝天的圖騰
或是，款擺成
時間滴答的
那支主控

盪得越高
會看得越遠
會發現
牆外的喧嘩
祇是一場虛驚
幾個同齡的頑童
看到一隻鷹掠過高處時
發出艷羨的驚恐

隔海捎來一隻風箏

就讓自己再年輕一次吧
臨老，你從隔海捎來一隻風箏
青綠的雙翅暗鑲虎形斑紋
迎風一張，竟若那隻垂天的大鵬
頗長的尾翼，拖曳出去
又是鳳凰來儀的莊重
暗示得好深長的一分期許
儼然，年輕時遺落的飛天大志
被你一頭捎了過來
要我再走一次年輕

可能嗎？再一次年輕
風骨當然還是當年耐寒的風骨
又硬又瘦又多稜角的幾方支撐
稍一激動還是撲撲有聲
仍舊愛和朔風頑抗

好高騖遠不脫靈頑的一隻風箏
起落升沉了多少次起落升沉
居高不墜總羨日月星辰
愛恨割捨不了的是
那些拘絆拉扯的牽引

可能嗎？也許可以再一次年輕
把蕭蕭白髮推成蕭颯草坪
放出白鴿、放出青鳥、放出囚禁的陰影
邀請風雨，邀請雷電，邀請旗幟
邀請一切愛在長空對決的諸靈
所有的喙喙，所有的箭矢
就請對準這隻老不折翼的風箏
看牠幾番騰躍，一路揚升而上
看牠一個俯衝下去，從此捨身下去
時間在後面追成許多仰望的眼睛

註：海峽對岸同名詩人向明，最近托人捎我一隻風箏，未附任何言語，揣度其用意，遂成此詩。聊作答謝。

向陽作品

向陽，本名林淇瀁，一九五五年五月七日生，臺灣南投人，中國文化大學東語系日文組畢業，新聞研究所碩士，曾應邀至美國愛荷華大學「國際作家工作坊」訪問。政大新聞系博士班研究生。現任靜宜大學中文系講師，吳三連台灣史料基金會秘書長。著有詩集《歲月》、《十行集》、《土地的歌》、《四季》、《心事》。曾獲吳濁流新詩獎、中國時報敘事詩優等獎、國家文藝獎等。

清明

昨夜的雨仍然低迴
在今晨的路上，柳枝
披掛在河岸。河的兩端
生與死從橋上來來往往
昨夜的雨，仍然低迴在今晨
行人紛紛的路上，愛與恨
相錯而過橋的兩端
柳枝披掛在渾濛的河岸
薄霧薄霧，俯首水面
悲哀和快樂已茫然
低迴在今晨，昨夜的雨
昨夜的死生悲喜，仍然在
路上，行人紛紛柳枝
紛紛，穿過薄霧走過河岸
一枝小草吮著一點露

仍然低迴在今晨的路上
昨夜的雨，不歇不息
紛紛打過行人的髮際
露珠露珠，懸垂草葉
最難分辨是雨水或眼淚

秋辭

葉子攀不住枯黯的枝枒
紛紛奔向清晨微寒的潭心
有人打傘自多露的湖畔走過
只聽見右側林中跳下一顆
松子，驚聲喊道

你就這樣來了嗎？漣漪
和回聲都流連在空盪的水面上
一些浮萍忽然站了起來
留下山的倒影明晰地吻著雨後
蔚藍的天空，而秋是深得更深了

小雪

小雪趕在紅葉之後
開遍愛荷華初冬的山坡
彷彿落葉一般，不斷飛過
我暫時寄寓的樓窗前
又頽然歇下腳來
在輕迴的風中，在自己
也決定不了的處所
呵了一口氣，灰濛濛的
天空—另一半正注視著
大洋彼端的家國

思念有時像小雪。有時
更像落葉，不融不化
只是慢慢腐萎

這異國晨間的細雪
疑是昨夜的一場夢魘
夢中，已經死去的父親
也來與我站在窗前
指著四處飄零的雪花
說：雪太冷了，我們回去
回到故鄉鋪滿落葉的土地

大寒

這時候，他們都該已就寢了
床頭燈緩緩地熄滅了
窗帘也靜靜地闔攏了
街道沉默在街樹的沉默中
橋墩隱蔽在橋樑的隱蔽下
這時候他們，都該已睡著了
島嶼蜷曲在海洋的被褥裡
大陸袒身於沙漠的枕頭邊
亞洲跟美洲擠在一塊取暖
南極和北極互相使著眼色

這時候他們都該已，入夢了
地球急急從軌道拋離
星雲疾疾自大氣現出
有些粒子繼續反目
有些物質開始燕好
這時候，他們，都該已，睡熟了
被放捨的我仰望夜空
在巨蛇一般蜿蜒的星海中
再也找不到他們入夢的太陽系
再也找不到他們就寢的地球

朱學恕作品

朱學恕，字讓慶，筆名若儒，江蘇省泰興縣人，民國廿三年七月廿三日生於黃橋，五歲喪父，母徐冰清撫育長大；先後曾就讀於泰州中學，海軍官校，海軍指參大學，政治大學，海洋學院，戰爭學院，海軍艦長班等畢業。曾歷任海軍艦長、戰隊長、海官校及陸戰學校上校教官主任與國防部處長，現任職國立海洋技術學院教授兼圖書館主任及系主任。

朱氏全力提倡中國海洋文學，曾獲救國團新詩獎，出版詩集《三葉螺線》、《海嫁》、《海之組曲》、《飲浪的人》。主編《中國海洋詩選》出版「大海洋詩季刊」，至今已廿三年共五十六期。

黃鶴樓

她用雲的手勢
飾黃鶴的飄逸
佇立在江邊！
風濤聲中的旅人　終於
像石榴般
　爆裂了自己的感情；
在石壁上——
赫然蠕動著一灘
　思鄉的月光！
江上的淚水
遂匯成時潮向東奔流……。

長江三峽

迎面撲來

長江萬里的風濤和姿態；
輕舟已過萬重山
　李白的瀟灑——
想必思潮正暖
　人慾也退盡……。
看妳奔來　披髮跣足
舉拳如千浪
吟唱如泡沫
記憶像水波似的層層剝開
童年的故事遂在山頭湧起。

絲路

攀登高峰望故鄉
黃沙萬里長
何處傳來駝鈴聲
聲聲敲心坎！
從長安門啟程——
西出陽關無故人呀
朋友乾了這一杯吧！
衆山已停止呼吸
靜待蹄聲踏沙發出嗤嗤冰解的音響
千年寒鐵鑄傲骨
時間靜止落日悲壯無始無終的前進著。

蘆溝橋

蘆溝曉月
是中華民族一把正氣的劍
雪亮閃光的劍氣中——
中日兩個武士在對岸
　仍無言地對峙著：
沒有招式　沒有內力
沒有兇險　沒有霸氣
沒有吶喊　沒有行動
沒有對話　沒有觀衆

歷史的角力和搏鬥
仍在橋的兩端隱隱地蠕動著。

頤和園

山明水秀
暗紅黛綠
慈禧老佛爺的笑容
彷佛甲午戰爭的一排砲彈飛來！
用購買英八艦專款雕刻的山水
在等待著戰爭。
遊客們從不曾想過吧！
台灣是從一些鳥語蟬聲中割讓
龍旗悄悄地從銀鈴笑聲中捲落
我走過長廊
也走過中國有血有淚的斷年史。

明陵

四百年前
朱皇帝便把自己
　栽植在這裡。
在大理石的拱奉裡
　權貴已成冰雪
　榮耀已成磷火
　是非只是流水
　功過只是沉默
既不成花　也不成蝶
既不成樹　也不成根
您把自己痛成歷史的腳印。

沙　白作品

沙白，本名涂秀田，一九四四年生，台灣省人，建國高中，高醫畢業，東京大學、波士頓大學研究。曾任阿米巴詩社社長、南杏社長、大海洋詩社社長、現任高雄市兒童文學會理事長、中華民國新詩學會理事、奧林匹克詩學會理事。名譽文學博士、世界文學院院士、台一牙科院長。曾獲高雄市文藝獎、中華民國新詩學會詩運獎、奧林匹克詩獎、國際詩獎、一九九五年國際詩人獎、ABI國際傑出名人獎。一九八八年參加第十屆世界詩人大會發表論文，獲泰國英文報重視，以首頁引介報導。著作及英日文譯作有十餘種。

家庭吟

妻

妳是我的影子
不管我走到那裡
不管我活到什麼時候
妳都跟著我
別人的形影無法重疊進去

兄弟

一棵樹上長了幾條樹枝
每條樹枝都會長出纍纍果實
不必互相猜忌
果農採擷果實時
不分你是上枝還是下枝

兒女

你們是由父母印成的模型
同樣的耳朵，同樣的鼻子
而我希望你們的思想和成就
都超越這個模型

超人的誕生

未來
將有一位新生兒誕生——他是超人
他是在試管內以最優秀的DNA改良組合的
他的頭腦裡具有多種優秀的腦細胞
有愛因斯坦、李白、達文西、保羅‧梵樂希
和歷屆諾貝爾獎得主之特殊綜合的腦細胞

超人的誕生
給世人很大的期望

然而
經過多年
他做了最大的努力
還改不了世界的醜臉
最後還是你寫你的詩
他賣他的牛肉麵
因此
最值得尊敬的是自己
最能掌握和改變自己生命的也是自己

佛光山的一盞燈

但願我是佛光山的一盞燈
飲一瓢寧靜的黑夜
像謙虛的牛頓
只飲大海之一瓢

黑夜吞食了廣漠的大地

佛法也佈滿大地
佛以寧靜和誦經滋養我們和大地
我是那盞燈
整夜
只飲一瓢寧靜的黑夜和定心的佛經

我是那盞燈
靜靜地站在佛光山頂
寧靜而不孤獨
因為寧靜是佛的玉體
　讓我安詳地靠著
靠在寧靜的胸懷裡
啜飲寧靜的甜蜜

骰子

我把人生，像骰子
擲在碟子裡
生老病死都在那裡爆發
戀愛喜怒怨憂都在那裡炒著
不管有無火花
不管有無香味
不管是否好吃
不管是否鮮麗
那總是一擲
不管有意或無意
總是擲了出去
擲了骰子
就要開花
開一朵也好
開兩朵也好
當然希望的是滿開
讓天上的星星月亮太陽
同時亮光
讓南極、北極和非洲、亞洲、歐美
同時春意盎然
讓朋友和敵人
握手合歡

李 塵作品

李塵，本名李宗倫，原籍台灣省雲林縣，一九六一年一月廿二日出生。曾榮獲一九八四年全國優秀青年詩人獎、第十二屆陸軍文藝詩歌類金獅獎、第十三屆陸軍文藝詩歌及散文兩項銀獅獎、第廿一屆國軍文藝詩歌銅像獎。曾出版散文集《長鋏短歌》，詩集《阿媽的臉》、《燕子》、《中國》、《給郭芬的詩》、《絲路情懷》、《妻說》（中文版）、《My Love Says.》、（妻說中文英譯本）。

目前旅居美國洛杉磯，擔任北美南加州華人寫作協會理事多年，中國文化大學校友會理事、中華文化復興運動總會南加州分會會長（一九九七～一九九八）。

一片茶葉

一葉扁舟
在浩瀚無垠的海洋
以隨波搖擺的心情
尋問無止境的終點

一滴色彩的顏料
在生命未完全渲染之前
嚐盡冷熱的情愛與離棄
且僅能靜觀，且無聲無息

單薄的一片茶葉啊
脈絡卻是堅持的賁張
堅持的山之綠色
和濃霧故鄉的懷舊

咀嚼一片茶葉的甘澀
以思鄉千萬里的思緒
讓山水在腦海交織變化起伏
頓嚐　扁舟彩滴的苦悶

春天也有感慨

雪已染了非白的色彩
今年的春天卻留戀著
去年鐵灰和淺藍的
褪不掉的冬天心情

白蝴蝶模仿花瓣
這會兒枝頭，這會兒葉間
舞著初生的翅膀
閃著陽光似的眼睛

眼睛依然看不透
帶著微涼的晨霧
究竟多少里路
是生命璀燦的盡頭

呵，雪非今年的白雪
蝴蝶是否明年某個春晨
剛剛凝聚枝椏
捨不得煙化的露珠

太陽花

花團錦簇是我美麗的外表
在春天艷陽下
展露出閃爍如星
如鑽石般的晶瑩

無需喧囂的語言
也不必綠葉襯綴裝點

路人直射的目光及蝴蝶的翩舞
已毫不保留地裸露出驚嘆

而我內心深層的憂慮
日夜不停地綻放和凋零
惟恐死亡的來臨
以及季節無情的捨棄

那刻，我再度仰首天際
羨慕朵朵白雲同樣享受陽光
卻可隨風嬉戲
散了又聚

一片花瓣

老記不得她來去的路徑
唯獨那依稀潤紅溫然的脈絡
魚游在她薄如蟬翼的臉龐
展現無盡的年輕和希望

是的，過去未來何其邈邈
描繪的僅得輕煙印象
而青綠的風與溫暖的晚霞
亦如水上波紋一聲不響

回頭再望，那深根處
猶淌著同樣的血滴
在枝莖殘缺的故事裡
忍著痛楚，割捨著記憶

哎哎，總忘記她的抉擇
應是揚灰或者化泥
猶似我生生死死的檔案
老來應是歸根，抑或隨遇而安

李魁賢作品

李魁賢，台北縣淡水人。一九三七年六月十九日生。台北工專畢業。一九五三年開始發表詩作，一九六四年參加笠詩社，曾獲吳濁流新詩獎、巫永福評論獎、笠詩評論獎。現為笠詩刊社務委員，台灣筆會理事，自營名流企業有限公司。著有詩集《靈骨塔及其他》、《枇杷樹》、《南港詩抄》、《赤裸的薔薇》、《李魁賢詩選》、《水晶的形成》、《輸血》、《永久的版圖》、《祈禱》、《黃昏的意象》、《秋學死之憶》、《愛是我的信仰》；評論集《心靈的側影》、《德國文學散論》、《台灣詩人作品論》、《詩的反抗》……等八種及翻譯，共四十多種。

鸚鵡

「主人對我好！」
主人只教我這一句話

「主人對我好！」
我從早到晚學會了這一句話

遇到客人來的時候
我就大聲說：
「主人對我好！」
主人高興了
給我好吃好喝
客人也很高興
稱讚我乖巧

主人有時也會

得意地對我説：
「有什麼話你儘管説。」
我還是重複著：
「主人對我好！」

輸血

鮮血從我體內抽出
輸入別人的血管裡
成為融洽的血液

我的血開始在別人身上流動
在不知名的別人身上
在不知名的地方

和鮮花一樣
開在隱秘的山坡上
在我心中綻放不可言喻的美

在不知名的地方
也有大規模的輸血
從集體傷亡者的身上

輸血給沒有生機的土地
沒有太陽照耀的地方
徒然染紅了殘缺的地圖

從亞洲、中東、非洲 到中南美
一滴迸濺的血跡
就是一頁隨風飄零的花瓣

白髮鮮

只要你堅定不移地
佔有世界上受鍾愛的角隅
我便同樣堅定不移地

依附在你石質堅持的表面

在你火成岩的內層
永遠有暗中輻射的熱情
我青苔地衣廣被你外表的冷峻
靠著你冷中的熱展現我的生機

即使我漸漸轉化成白髮蘚
仍然緊緊和你結合一起
不分晝夜　無論晴雨
即使做為你的裝飾也無妨

附註：白髮蘚爲一種隱花植物，附生於岩石上，爲大屯山特殊景觀之一，因地熱轉白，由青苔逐漸變成白髮狀，故名。

辛鬱作品

我在我的詩中說海洋是陰性的，因爲它孕育魚族、藻類以及許多許多生物與元素。我在我的詩中說人生是一面掛在一間蒸氣房中的鏡子，永遠擦拭不淨。

詩的多方面表現，決定於詩人觀察事物後主觀的取捨。我寫一首詩必讓觀察事物後內心的感應藉想像之力越過一般常情的局限，使我的詩的語言的運用，脫離文字一般「理則」的拘制，而成爲有它自己的生命的語言。

詩的語言不是玩弄文字魔術，然而對於語言的功能發揮，我決不從文字的一般意義中求取結果。我相信將語言營造爲意象化，是寫詩的必經過程。

訪嚴子陵釣台有歌

我獨坐釣台
擺姿勢　讓各式鏡頭
自八方幽冥四面淨土
攝捕我　忽而捶胸忽而頓足
忽而悲忽而喜
忽而怒忽而怨
忽而哭忽而笑　忽而
走出了肉身的我的原形
來同子陵先生對弈一局世道的淒迷
對飲一罇人間的寒慄

匡復無期
我的一隻眼睛忽忽飛閃
躲過了五光十色
卻躲不過迎面而來的

妖嬈的花麗
吳儂軟語中我又一次跌倒
在宮牆之外
市井唱起官衙的炎涼
我若有所聞卻無力挽弓
射落那小小一片陰翳

啊子陵先生
且讓我隨你涉水而去
潛入蒼茫
且讓我們脫盡濁世的
衣裳
裸裎相對
去尋江流的源頭
在粼粼聲中
試唱一曲
大風起兮雲飛揚

可是我　子陵先生
我怎能追及
在時間甬道　我怎能
牽住你飄飛的長髯
將一滴蘊蓄了千年的淚
血色的淚呀　輕輕地
輕輕地　輕輕滴落
子陵先生　此刻我欲借月光
洗清我一張
多血筋的臉

而今夕風緊雨急
船桅颼颼如萬箭齊發
這帶怒的箭
會是歷史的步聲嗎
啊子陵先生
我獨坐釣台撫碑而歌
一聲聲一句句切割波浪的起伏

分合之際
猶有山水的阻絶

附記：嚴子陵釣台位於浙江富春江畔，景色秀麗。釣台有碑，記嚴子陵事跡。嚴先生爲東漢時我鄉（浙江慈谿）先賢，原名光，因其一生多次拒絶王莽邀請爲官，復於劉秀建立東漢王朝後避官隱居，而得到北宋名臣范仲淹敬仰，爲之建祠立碑，築子陵釣台，頌爲「雲山蒼蒼，江水泱泱，先生之風，山高水長」。今年十月，凡夫俗子的我，二訪嚴子陵釣台，感於身處時代之變幻，不勝愴然，乃有此作。

宋后穎作品

宋后穎，一九四二年生，遼寧瀋陽人，國立藝專畢業，葡萄園詩社創刊人之一，現任葡萄園詩刊副社長、世界華文詩人協會理事、中國詩歌藝術學會及中華民國新詩學會會員。著有《歲月的光環》等詩集。另與詩人文曉村、古丁等合著《七人詩選》。詩觀爲：詩是我一生一世永恆無悔的追尋與執著，爲了探求眞、執著善、追尋美，詩是我生命路上最親密的摯友。而生活與現實卻是詩最好的活水源頭，生活豐富了詩的內容，詩美化了生活的境界，也提昇了生命的本質。

山水有情

石頭們從不傾訴什麼
只是沉默地傾聽千百年雜沓的聲音
千瘡百孔，傲骨嶙峋
圓潤光潔，奇特不群
而歲月是唯一的明證、知音
而歲月是唯一的記錄、禮讚。

他們從不傾訴、怨懟什麼
只是冷然旋睇著千百年熙攘的形色
蘊藏著日月光華的偉岸
迸裂成驚濤裂岸的堅貞
深烙著有情天地溫柔綿密的
情愛—倒映在山涯水湄
讓無盡的時空守著永恆的祕密。

憔悴

土地是生命的延續
沃野千里、極目無盡
褐黃的土地永不蒼老
永不怠倦的土地
敞亮著綠色的心
綠是土地給生命永恆的禮物
而人們卻貪婪地
渴求更繁複多變的色彩
土地總是沉默地負荷
太沉重的負荷
讓它憔悴了原本的容顏。

荷

盈盈水波、田田碧塘
婀婀娜娜撐一柱擎天
燃焰紅亮麗生機盎然
含苞自足——
美於藍天碧濤
以沉思冥想、從容仰直
立貞潔自得出泥污不染

等待春光駘蕩喚醒
少女青澀的夢
那欲語還羞的嬌慵
那欲綻還斂的矜持
卻讓激情熾烈的夏
吻開朵朵燦麗彩瓣
立誓於星月交輝穹蒼
圓一個從一而終
堅貞不渝的情愛
直到
夏盡水枯、秋葉落盡。

無言之歌

是誰摧毀了那座城堡
把無憂的晴空撕成片片世故
童謠如櫓、搖逝浪花如潮
逝水是握不緊的童貞
浪濤是留不下的稚情
剔透的水珠
一如清澈無底清亮雙眸
微渺的水珠啊！
一再失陷於
浪濤滾滾的故事裡
濤聲反覆拍打著生活的背脊
沉重了故事
失卻了童話。

宋穎豪作品

宋穎豪，本名宋廣仁，一九三〇年生，河南襄城人。文學碩士；曾服務軍旅達三十五年，並在各大學講授美國文學、詩選、翻譯等課程。早於四〇年代後期即以念汝、白圭、襄人、殷嗣等筆名發表詩作。嗣自五〇年代中期乃轉注於英美詩的譯介，卓有優績。著有《麥帥傳》；海明威研究及中國現代史論文多篇。譯有《詩經驗談》、《美國詩選》、《水晶詩選》、艾略特的《詩選》及《荒原》等。現任《詩象》詩社社長及中國文協翻譯委員會主任委員。

公轉與自轉

見過渭涇的合流
匯入滾滾黃河自天來
灌溉仰韶的文采

遠眺兩條平行的軌道
翻山越嶺，馳騁平野
逗得時間與距離擁抱歡笑

有一對歷經患難的夫妻
一個廣東，一個山西
一家人喜歡吃麵也吃米

而我驚聞杞人自殺的消息
傳說世界將毀於
行星與行星的撞擊

但我知道地球有自轉也有公轉
於是才有了昨天、今天、明天

但我是沒有理由醉的

一盤花生，一瓶高粱
真想來個痛快！

但我是沒有理由醉的
雖然我的命是從烽火中撿的
雖然鬼子飛機的蛋孵在我的窩
雖然我的書本就是那個大時代

但我是沒有理由醉的

雖然一群獸噙走了我的春天
雖然飄泊的雲沒有歸宿
雖然芒鞋踏破無數個夢
雖然小小一方捕風網
　捕到一頭盲撞的飛蛾

哥們，來！

雖然我將折斷的根
　移植在下一代的唇齒之間
雖然我將自己的故事
　傳授為浪漫的天真
雖然我不曾抓住一撮泥土
雖然我還是一個我

祇是愛讀詩，溺於玄思
總愛窮聊著明天的風雨

來吧，再乾一杯！

我是拜月的人

久久深埋在心靈的底層
遂而染上嗜苦的好癖　一杯一杯
總愛獨飲　在月下
在咖啡的醇香之中

我是拜月的人

咖啡的芳芬裊裊漫升
我用小匙輕輕攪動
氤氳中　總是會想起
那門兒是怎樣開啟
門口怎樣綻開一朵玫瑰
驀的　艷紅的花瓣點燃了
春青的彩燈
煥然是夜的絢爛　繽紛似錦

已是暮春
溫馨的花徑　嫣紅翠綠
又是楓葉瀝血的季節
月亮圓得格外出色
那鈴聲迴響著風的消息
風行吟在我的慕盼裏
祗是月亮莞爾不語
我知道　你將伴月起舞
凌水波之漣漪
而在零亂的婆娑影中
翩然來遲　還是那般詩趣

月亮嫣然笑了：
「這就好了　圓滿如是。」
對月舉杯
仰首吞下冷冷的黑咖啡

吳宏一作品

吳宏一，台灣省高雄縣人，民國三十二年生。台大中文研究所博士班畢業。現任台大中文系所教授，香港中文大學講座教授。著有詩集《回首》、《繡風集》、《合唱》，散文集《微波》、《波外》及學術論著多種。

回眸

頻頻回首，你在風沙迷離中，
那年的臺南在夜裡復活。
可還記得？一個燃燒的七月，
我曾向你借宿，像一陣風。

那時，你還痴小，
草剛抽青，樹未成蔭，
我匆匆路過，像一陣風，
並未留情。

重逢是煩惱的開端，
依然夜在臺南，
我用滿街的霓虹想，
那年的，一個陌生的少年。

你的笑容是朵朵音符，
使我感動，空茫而又悽迷。

當我年老時

白髮間找不出狂妄的當年，
在燈下，默數念珠……
風聲雨聲，都關在窗外了。
像一齣戲，剛哭過、笑過，
就將要落幕，彷彿也有掌聲。

戰爭已成遥遠的故事，
坐在燈前，一切漸歸平靜；
想那年在長安在北平，
想那年在巴黎在東京，
只感到迷惘，彷彿那只是夢境。

一半懷念，一半悔恨，
因為已無從尋找自己的脚印。
翻開早年的作品，
都是哀傷，都是熱情，
——忽然感到迷惘，彷彿那只是夢境……

病中詩抄

一、妻子

從小嬌生慣養的
一向粗心大意的
偶爾大發嬌嗔的
妻子，
令人驚訝的，
竟然逐漸小心起來。
在用飯的時候，
在說話的時候，
在點藥的時候。

二、守望者（給孟峰）

總是在下午兩點鐘，
為我臥病的八〇二病房，
每天推進一片陽光。
在我睡覺的時候，
總是坐在床前看書。
總是我靜靜地躺著，
他默默地守著。
總是守到黃昏以後，
守到窗前一片星光燈光……

三、探望者

鮮花水果，
每一朵每一個
都是
誠摯的愛，
溫馨的情。

護士走後，
我常下床，
坐著。
面對這些鮮花和水果，
覺得
上面有探望者的笑容和淚光。
我真想對他們說：
你們離開以後，
我是多麼寂寞。

吳明興作品

吳明興，民國四十七年八月四日生。民國六十六年，入東方神學院宗教哲學系研讀宗教哲學。曾加盟《葡萄園》、《腳印》、《四度空間》詩社。並曾任《葡萄園》詩刊執行編輯、主編，曾獲全國優秀青年詩人獎。民國七十五年出任象群詩社社長；並於同年出版個人詩集《蓬草心情》。先後撰述散文四百餘篇、創作詩三千餘首，已在六百餘種報刊、雜誌發表大量創作、著述。自民國八十年十一月十九日任職圓明出版社總編輯、兼任華梵大學原泉出版社總編輯、中華大乘佛學總編輯迄今。

雲崗

——書信答小樺

儘管人間的風雲
早又翻過千五百年了
然而因岩結構的石窟
卻在泥封的荒山裏
以其不為隆替所動的貞定
像一粒從煙華中自我捨棄的微塵
靜靜地把自己安頓好
安頓在戎馬所難以馳縱的地方
安頓在所有的文字之外
安頓在世界震動不已的夢中
如今祇因牧羊人的大意
竟使羊腸鳥道
煞時變成四處輻輳的驚嘆號
這是拓跋家的皇帝

在空偬之際所遺落的至寶
祇因我佛畢竟慈悲
即使形象非凡
即使依舊風蕩雲翻
卻仍不失其有情的平和委婉
此刻一個年輕的生命
在粲然千古如三春的冬陽下
陪伴著孤獨的影子
也像一粒敢於斷然自我穎越的微塵
越過了揮入胡笳的長城
而悄悄的來到
來到了太武廢文成與的曇曜

夜飲亮馬河畔

不曾遠去即便回來
動搖在柳絲裏的孤影
彷彿酩酊的西風
斷斷續續斷斷續續
總是柔腸寸折的話題

誰說一定要橋
三幾個尾隨而來的便衣
即使曾經陌路
何妨一見如故又何妨
君不聞透瓶的酒香
早已醺醉了金刀銀槍

人生悠哉當如魚
祇是自放萬里的奔波
與乎西東去來東西的風啊
為何祇有春與秋
祇有磬竹難書的一點愁
獨佔鳴禽變徵的堤柳

附記：亮馬河在北京城東，橫越新東、三里屯、東三環北路等重要幹道。

汪洋萍作品

汪洋萍，民國十七年出生於安徽省岳西縣，現為中華民國新詩學會理事、中國詩歌藝術學會理事、三月詩會同仁、秋水詩刊編委，曾獲教育部新詩創作獎及多項徵文獎，著有《心影集》、《心聲集》詩集、《萬里江山故園情》、《生命履痕》散文集及《裸露心靈》詩文合集。

始終認為詩是心靈的語言，是表達思想與情感的文體之一，是人際關係溝通的橋樑。不崇拜標新立異，自我炫耀的大詩人及名詩人，也不沾染什麼主義、什麼派，更不以詩人自居。

我想變一隻麻雀

偶然發現
一個最大的
麻雀族群
最少有千餘隻
棲息在一棵
枝葉繁茂的大芒果樹
迎晨光飛去
隨晚霞歸來
是那麼井然有序

我每天去欣賞
它們的
迎晨曲
歸巢頌
結伴飛翔的舞姿

我真想
變一隻麻雀
加入它們的族群

武侯祠（註一）

大紅圍牆正門的兩側
那對雄偉的石獅子
護衛著蜀漢君臣
五進庭院的史蹟　展現
武侯的文治武功
樹立為政者的典範

那尊金身塑像
綸巾羽扇神態自若
岳飛手書的前後出師表
裴度所撰的三絕碑文（註二）
描繪出
武侯的內心世界

註一：武侯祠在成都市城南三公里處。
註二：「三絕碑」是集武侯的大功盛德。唐朝宰相的裴度撰文，成都府少尹柳公綽書寫於一碑，後人稱「三絕碑」，原名「蜀相諸葛武侯祠堂碑」又名「唐碑」。

岳陽樓

雄踞長江岸邊
原是東吳水師閱兵台
屢經改頭換面
成為現在的
岳陽樓
因范文正公為文揄揚
名聞遐邇

黃色琉璃瓦

翹角飛檐
深三間高三層
典藏書畫詩文
洋溢天地正氣
描述人間美景

我心頭的陰影

自稱全國第一大報
全版廣告刊出
「謀殺專門店」
成立俱樂部
招募會員
暢談「謀殺之樂」

第一流的出版社
為「謀殺專門店」
創辦「謎人」雜誌
為會員服務
有第一流作家推荐
熱鬧滾滾

白案凶嫌就範
媒體已塑造成
犯罪英雄
「謀殺專門店」
又要「謎人」
不知將有多少善良
成為屠夫俎上魚肉
在我心頭蒙上
恐怖的陰影

余興漢作品

余興漢，一九二四年生，字偉先，筆名淮芳子，湖南省平江縣人，政戰學校政治系畢業，曾服軍職有年，以陸軍上校退伍後獲聘任總統府編纂，亦已屆齡退休，酷愛文學，詩、詞、散文等常發表於台灣各大報刊、雜誌，著有《醉之愛》新詩集，《夢雲詩詞》等。作品的特徵是：用大眾的語言，譜時代的心曲，對國家、民族，表現出濃厚而強烈的感情，曾應邀出席世界詩人大會及在遼寧省盤錦市舉行的兩岸詩學交流研究會。

愛底形象

駕一葉生命之扁舟
在人生底大海上
載理想與希望
航向你底期待的港

月已西沉
日又東上
我忙著　我總是忙著
忙於暨復興底大旗
忙於造自由底神像
就這樣　我看見了
男孩長了鬍鬚
女孩做了娘

我這纔發現

宇宙在變幻
世界已瘋狂
惟一不變的是
你我分手時
兩情脈脈底模樣

我乃用連串底淚珠兒
編織感情底網
像漁夫守候魚群似的
捕捉童年底　母親底
愛底形象

假使

假使這世界底一切都給我
而要我離開你
我不會同意

假使九天仙女要嫁我為妻
而要我說一聲　不再愛你
我寧願終生不娶

假使我成為統治全世界的主人
而我不屬於你
我願意放棄權位
只作你底子民
我並不期望你給我甚麼
但願為你奉獻一切　甚至生命
因為你底苦難　就是我底苦難
你底光榮　就是我底光榮
失去了你　我便失去了根

任天荒地老　海枯石爛
我愛你　不改變　直到永恆
啊　親愛的祖國——中華民國
你是我底道路　真理　生命

邱 平作品

邱平原名盧克其，一九三一年生，祖籍江蘇鎮江，寄籍宿遷，一九四九年來台，開始寫作新詩；一九五一年獲「國軍寫作競賽」詩歌組第一名；曾加盟「現代派」；爲一九五五年創始於花蓮港的「海鷗詩刊」—原初發起人之一；一九五八年台海戰役，任軍醫少尉擔架組長，救死扶傷於福建金門；國防醫學院畢業，一九八一年以陸軍少校軍階退役。現爲創世紀詩社同仁，著有詩集「落花時節」。

出門

又一列定時班車隆隆駛過
老想到什麼地方去，尋回，失落的什麼
不是那整件行李還沒打包收拾，不是
換洗衣褲、宴會西裝、小小的心事還沒有
裝入皮箱；不是那
備份眼鏡、懷錶、拍紙簿，沒裝進上衣口袋
不是那支書寫流利的綱筆還沒將墨水貯滿
不是護照、運通卡、外幣零錢，沒貼身放好
不是那航機的座位還沒再去電確認
不是不是……老想著某種必需尚未備妥

不是那鱗傷的大地還沒再植皮整容
不是那腹瀉的河川還沒有發炎腫脹
不是黑金沒氾濫海島，不是牛鬼沒高踞殿堂
不是青春沒售向賓館，不是美貌沒陪坐酒廊

不是良家沒乘上專送，不是幼齒沒受虐煙花
不是高潮沒湧出街道，不是慾望沒訂明價碼
不是新新沒造化人類，不是他命沒交給安非
不是牛郎沒騷擾午夜，不是尊嚴沒銷往市場
不是不是……老想到什麼地方去
又一列班車隆隆駛過

落花時節

落花時節分手
三月說：會與妳夢中相逢
那繁華的昨夜是何時卸的妝
曾經的亮麗何時已脫色起皺
那舞者何故要停格、那歌者
何事竟失聲
天南地北的妳我為何要見面
兩個½相加為何是1/1
半生的經營為何不能承當那
靈台夕暮的風雨
完整的世界為何要再度分割
躊躇難進的腳步何以會畏懼
那變換不停的燈號
全然色盲了的雙目已辨不出
十字路口的紅綠
一覺醒來的盤古何以要揮動
祂的大斧
清清的天上怎會擠滿那麼多
好奇的精靈……
所有這種種妳也未懂的玄機
好想和妳一起探究
三月卻說：會與妳夢中相逢

液化的夜晚

夜涼如水
如到達液化之臨界點

我聽見一切有情嘶喊的無望
器官隨處展示著肢體倒顛
著色的意象思維躍進網際網路
*1*與○塗上迷彩會師鎖碼
擅長以腹足爬行的冷血類各自尋回
藏身的洞穴
小鹿在林中迷途
凌空撲下四隻利爪
鱷魚為那頭走近河邊的瞪羚而傷感
完事的雌蛛藍得像臉譜
而對癱成一頓美味的相好
食慾升火待發
巨蛙吞掉牠背了許久的
同伴後，咂咂嘴
據說將蓓蕾置入蛇口的都獲得
諸神的讚許蓋有情義
輪番吸採下六月的艷瓣迅即
萎頓成秋天

黯夜深沈有呻吟也有狂呼
然而最最急切的莫過於死的需求
靜默後空虛逼近如黑貓的腳步
有人正點起一根菸
想用煙圈隔離
身旁的那陣索然

註：氣體降溫至不同程度，再加以適當壓力，即可使之「液化」，此即謂之「臨界點」，如空氣的「臨界溫度」爲攝氏零下一四五度，「臨界壓力」則爲四五氣壓。

邱上林作品

邱上林，本名邱榮華，台灣花蓮人，國立中興大學中文系畢業，國立政治大學教育研究所結業，現任省立花蓮高工教師。曾任花蓮青年期刊、花蓮文化季刊主編，曾獲國軍文藝金像獎。出版有詩集《春陽灑在峽谷上》，報導卷：《不朽的約定》，洄瀾本土叢書《觀光花蓮》旅遊書，《花蓮縣自助旅遊手册》，攝影集《影像寫花蓮》《洄瀾憶往》等。個人創作觀念爲：古典文學之美，是一種曾經燃燒過、曾經耀眼過的文藝美學，我們現代人從事文藝創作應該用現代人的眼睛與心靈，寫出當代人的所思所想。

縱谷飛翔

一、三棧山

於六百米高的三棧山上
我奮力撐開十米寬的羽翼，穿雲而出
徐徐升空，搏扶搖而直上

飛越長長的三棧橋，列車如蟲蠕行
我看見，溪流並未入海，她
在沙灘上清冽成碧池，在鵝卵石下幽潛變
伏流

溪河的流姿如「Y」字母
在蝟集的村落迴旋，糾纏，並且獻身
層疊閒柔的山巒，如健肌滿身的男子展胸
向天

二、鯉魚潭

逮住熱氣流盤飛
於迎風坡的山稜線遨翔
在千米的高空，與鷹照眼

飛行傘下鳥瞰
綠波澄澈，人聲隱隱
鯉魚潭，是縱谷的眼眸

如大鵬展翅，滑翔、滯空與爬升
輕舟垂釣，或與潭影共舞
怎能體會出這三度空間的美學？

在我們這家藝品店裡

一、大理石花瓶

你可曾聽見
我瓶中清泉的飲泣？
長春祠最後的遺照
已被匠人鐫刻在我光滑的瓶腹
丁卯年初夏
太魯閣東段有一場
驚天動地的毀滅

啊！瓶中有悠悠的魂魄甦醒
恍兮惚兮，從溪流對岸
緩緩自橋下列隊通過
在清冽的立霧溪崖壁
傳來衆位殉職榮民的抗議：
「憑什麼？你們憑什麼？……」

在一位名叫「哈魯那威」的泰雅族抗日酋長
背弓擎矛，他瞪著
一雙冒火的濃眉大眼

在山巔徘徊檢視
雙股瀑下凌碎的崩石，依稀可聞
異鄉斷魂客的扼腕長吟
神啊！
他們在你掌管的山河，隨意開挖
把滿目瘡痍的劇毒，注進
通體翡翠的肌膚
當天時傾墜，威靈震怒
祠前院牆上，斗大的「萬古流芳」
就跟我們永遠說再會了

二、瑪瑙魚

仰首向天是我不變的姿勢
柳枝淨瓶在那裡？
請賜一滴甘靈水
傳說中
美崙溪畔多風情
我們習於瞇眼的瞳孔
是不願再見證實貪婪的人間
觀光客似潮水
湧向寶石街，一波波
店主笑瞇瞇地盤算：
如何痛宰這群溫馴的肥羊
她們跟不肖旅遊業者勾結
哄價，掉包；報警，控訴
最後在地方報上，果然
騰出一處喧囂擾嚷的戰場

我們不僅僅是一顆結構特殊
平行性顆粒排列的無情物
這個世界，我們
看一眼就夠了

註：民國六十年，花蓮一位楊姓寶石業者，首度開發貓眼玉成功，一顆戒面賣出十五萬元台幣，轟動台灣寶石界，花蓮遂成國際間以產貓眼石聞名之地。

雨弦作品

雨弦，本名張忠進，一九四九年生，台灣嘉義人，著有《夫妻樹》、《母親的手》、《影子》、《籠中無鳥》、《舊愛新歡》、《出境》等詩集，曾獲全國優秀青年詩人獎、詩運獎、高雄市文藝獎、國際桂冠詩人協會（U．P．L．I）和平貢獻獎，作品曾入選《現代世界詩人代表選集》。現爲國際桂冠詩人協會會員、中華民國新詩學會理事，曾應邀參加世界詩人大會並擔任大會籌備委員。

殯儀館

巨大的黑影
籠罩著陰霾的天空
陽光與笑容
是被禁止入境的

禮堂外的花圈們
總是哭喪著臉
而在冷凍室與火葬場之間
有人在泣血，有人在爭吵
有人忙著拾舍利子

葬儀社的人來過又走了
弔唁的人也回去了
留下一地的
死
寂

殯儀館的化妝師

許是鬼比人可親
乃選擇面對死亡
面對一成不變的鬼臉
而人是善變的

在陰冷而潮濕的角落
人寐著，鬼醒著
在寐與醒之間
死亡沒有選擇
而天堂和地獄呢
有沒有選擇

其實，鬼和人一樣可憐
面子總是要的
就最後一次吧
讓我好好的玩你
那張不再善變的
臉

盜墓

佛說：我不入地獄，誰入地獄
況這世界太小
去向地獄移民，或許
也是很不錯的
一種方式

然則，今晚去探個路吧
好圓個淘金夢
讓今生痛痛快快
來世誰理它呢
而今夜，月黑風高

神不知鬼不覺地
只是，沒想到
迎面而來的，竟是
祖爺爺裂齒狂笑的
兩排
假牙

一半

棺木店的老王結婚了
親友們都來道喜
而偌大的店面
早已被棺木佔去一半

春風滿面的新郎挽著
嬌滴滴的另一半
親友們也坐滿
佔著一半店面的酒席

忽然，背後的一口棺木說話了
生也一半，死也一半
喜也一半，悲也一半

金筑作品

金筑，本名謝炯，貴州省貴陽市人，一九二九年生。早年從軍，國立台灣師範大學畢業，從事教育工作多年。五十年代開始寫詩，曾加盟詩人紀弦所組成的「現代派」。現任《葡萄園》詩刊社長、世界華人詩人協會理事、中華民國新詩學會理事、中國詩歌藝術學會理事。喜好聲樂，對古典詩詞吟唱、新詩朗誦有獨特的研究。曾獲中華民國新詩學會詩運獎及中國文藝協會中國文藝獎章乙座。著有《金筑詩抄》及《上行之歌》等詩集。詩觀為：詩是世界的，整個人類的，甚至宇宙的。凡過份強調地域、階級、小圈圈，乃至大圈圈的，都是給詩人心靈帶上枷鎖。

羽化的石磨

從白晝到黑夜
從黃昏到黎明
或牛隻牽引
或馬驢兜轉
或主人親自操控
周旋於地球運行的律動
石磨　是地球自轉的小影

歷經歲月的悠遠
運轉的光陰　從不計時
生計的碾轉　以農耕為主軸
周而復始　使生活富厚利便

雖然
年湮代遠　時代遞變

兵燹連連　人世改遷
跋踄光陰的冷凝　代代薪傳
生活　脈動循環
循環　滋長生命
生命　自強不息
恆是堅硬的實體
繞著既定的命運
自我圓融　自我肯定　自成乾坤

如今
粗糙　剛毅　解析的紋理　依舊
古樸如昔　硬朗如昔　圓潤如昔
循運時代的流變
懋績傳入青史鐵簡　煉成正果
騰達飛升　登堂入室
文化中心　藝廊　畫苑　林園造景……
溶進藝術的輝煌
羽化超脫　美麗存在的價值

喬遷榮耀的化境
入定了　不再迴旋
默啟內運的功力
揮灑石器時代的圖騰
人文進化的表徵
圓通古典的坐姿
彰顯哲人特具的沉默
舒舒坦坦　雅賞人寰
但　有誰識得　那
無日無夜　陰陽互動之道

風不止

一聲淒風
一陣苦雨
一坏黃土
一方冷碑

斑石陰綠處
一個滾燙的名氏
僵硬幾行眺望的淚眼
碑植母親的容顏
我的名字
分排在同胞的行列
算是被擁入
慈懷的孝姿

數十載矣　如今
佇立　塚丘前
那漫長的歲月
被強行
掐斷　再
銜接
歸來的今天
密縫洽接處　再也
啣合不妥貼

歇斯底里的
撕裂了心
默默中的吶喊
頻頻叩問
怎生地？為何？
無奈　仰視蒼雲白
淚河內湧
時間分秒的集儲
瀚海無邊
恨海無岸
泗泳了數十春秋
媽媽　我要游到
那裡　才抓得到
你那枯僵了的
魂依

林　齡作品

林齡，本名林義雄，台灣省台南市人，一九四二年出生。一九六〇年開始寫詩，發表於《野風》、《皇冠》雜誌、《野火詩刊》、《中國新詩》、《中華日報》等及各報刊。一九六三年從商，惟時以詩書自勵。近數年再拾詩筆，出版詩集《迪化街的秋天》，並加盟《秋水詩刊》，經秋水詩社同仁推選爲社長。現爲中華民國新詩學會會員，曾獲該會八十六年詩人節「詩運獎」。其詩作散見各詩刊及報刊雜誌。

菅芒花

菅芒花　菅芒花
我的名字叫菅芒花
被社會所冷漠的一群
在風中低吟，雨中飲泣

我的家不在花團錦簇
的公園　不在豪門巨室
在人煙稀少的角落
我的名字叫菅芒花

我在烈陽下生長
寒雨中茁壯
我有堅強的意志
百折不撓的精神

菅芒花　菅芒花
我的名字叫菅芒花
我要奮發圖強
尋找自己的春天

註：菅芒花，乍看之下頗像一種茅草，莖長。不怕烈日、風雨，其生命力、繁殖力甚強。

迪化街的秋天

多年不見
仍然瘦瘦纖纖
如羊腸一般
啊！迪化街
一臉秋天的無奈

猶如美人遲暮
慵懶地枕在淡水河畔
日夜聆聽河水的傾訴
淡水河不再高歌
只潺潺在訴說一個古老的故事

走過迪化街
昔日的繁華如過眼雲煙
顧正秋繞樑的歌韻
令人咀嚼，尋尋覓覓
永樂劇場何在

我已回來
那曾經孕我春夢的迪化街啊
我感傷時代的巨擘
為何推不動你沉重的輪子
你的闌珊，恰似我的向晚

啊！迪化街
在這裡我曾渡過我的春天
那時生命的花正開著

一如你的朝氣蓬勃
車如流水，馬如龍

如今你鉛華洗盡
從絢爛歸於平淡
再也喚不回金色年華
啊！迪化街
面對你我有太多的唏噓

多年不見
仍然瘦瘦纖纖
如羊腸一般
啊！迪化街
一臉秋天的無奈

畫一個妳

畫一個妳
在夜深人靜時
或黛眉深鎖
或展顏莞爾
畫呀畫的
畫出一片相思來

畫一個妳
多少年了
依舊是當年的妳
而我日已夕暮
畫呀畫的
畫出一片惘然來

燭光下

燭光下
映著妳微酡的小臉
輕酌淺飲，一杯香茗
竟然也酩酊起來了

林佛兒作品

林佛兒，一九四一年十二月十日生於台灣台南。十七歲開始發表詩作，十九歲出版詩集，爾後就不斷地從事詩、散文及小說的創作。作品計有詩集《芒果園》、《台灣的心》，散文集《南方的果樹園》、《腳印》、《風箏與童年》、《尋找香格里拉》，短篇小說《無聲的笛子》、《夜晚的盐水鎮》、《阿榮嬸的壞事》，長篇小說《北回歸線》，長篇推理小說《島嶼謀殺案》、《美人捲珠簾》等。現任林白出版社發行人兼社長。出版叢書至今將近一千種。

夜過西螺

流水不腐
滾石無苔
而你啊

那麼巨大的龐然大物
像夜渡的鷹鷲跨在那麼渾濁的大河
那麼多天幕的裂縫
像貓的水晶眼注視著那麼深沉的黑暗
那麼多的鋼鐵
像遍地矗立的嵩巖吶喚出那麼曠古的沉寂
則我
在蕭蕭的風中伴著機器的聲音與麻麻點點的雨
滴溶成一幽微的影子
緊跟著運豬卡車震顫而哀鳴地馳過大橋

彷若生命陷溺的把戲
用鵝蛋石
用細沙
用岸邊的蘆葦
甚至用剝落的鐵銹的那些碰擊及瓦解聲音
所有在時間重階裡無可避免地盛滿人的孤
單
獸的心靈
銅的軀體
這傲慢而悲麗的橋
儘管一切的力量壓迫著
儘管我一枚跌落的袖釦掉在橋板上叮噹

鹽分地帶

未曾設想，
我們是群在地上被踐踏的人的鹽
分

凝固以後
我們不同於黑臉煤礦
我們有雪白的皮膚
而煤深埋於地底下，我依附海涯
煤燃燒燃燒
我結晶結晶

雖然經過食道
但我們不僅是一隊礦物質
我們可詩可頌
可成為風景，也可化為長河
不曾間歇

我們貫穿了人類的胸膛

我們一直孳生也一直滅亡
在鹽分地帶
我們雖然粗糙，雖然卑微

但我們堅持
是一群永恆的自由顆粒
在貧瘠的土地上發光

鹽啊，鹽啊

台東人

車子過了楓港
南迴公路奇岩突起濃蔭蔽日
壽卡有青番
森永住滿排灣族人
安朔的河流有日光反射
啊，我想的還是台東人

小小的台東車站
有個方形廣場
廣場上三五成群的三輪車夫在開講
其中有一個從西部來討吃的
鄰居欽仔
啊，我想的還是台東人

在海瑞鄉的山居裡
鎮日濃霧濕氣籠罩
退伍榮民已變成了養路老人
他的泰耶族年輕的妻子
是山腳一塊使人垂涎的「山豬肉」
啊，我想的還是台東人

有個長了幾棵楓樹的山村
到了秋天葉子不紅
卻紅出一支紅葉棒球隊
用打石頭的精神把世界冠軍的小日本
打得十年抬不起頭來
啊，我想的還是台東人

林亨泰作品

林亨泰，一九二四年生，台灣彰化人，台灣師範大學教育學系畢業。

四〇年代的「銀鈴會」，五〇年代的「現代派運動」，都曾留下他介入影響的足跡。六〇年代參與「笠詩社」的創立，並擔任首任主編。著有日文詩集《靈魂的產聲》，中文詩集《長的咽喉》、《林亨泰詩集》、《爪痕集》、《跨不過的歷史》，評論集《現代詩的基本精神》、《見者之言》、《找尋現代詩的原點》，並譯有《保羅‧梵樂希方法序說》一書。

獲創世紀詩社「創刊三十周年詩論評獎」，榮後文化基金會「榮後台灣詩獎」，自立報系「台灣新文學貢獻獎」。

平等心

了解自己生命的，無法頂替的，可愛的可貴的，
也了解他人生命的，無法頂替的，可愛的可貴的，
同時，又是超越，又是包涵，又是建構了的，
這無法頂替的也就因此一個不漏地頂替起來。

充滿著個人與超個人，有意識與無意識，
這又是淡泊又是深刻，這又是迴向又是發展，
這又是純潔又是熱誠，這又是理智又是神祕，
同時，這又是傳導又是洞察，這又是磁體

又是發光。
遍滿天地，超越大小的，永無止境的擴張開來，
都能為無私無我地存在，都能為一切存在而存在，
無法頂替的，都能一視同仁的，毫無差別的超越，
無法同質的，都能完全公平的，毫無差別的包涵。

誕生

粘貼在貌狀可慮的
所有濃度最突出的
一切光芒都除去
所有觸覺最耀眼的
一切彩色都除去

一段長久沈默之後
不是快感也不是痛心
不是憂患也不是拯救
一切比喻都來不及比喻
一切象徵都來不及象徵

語言背後的落差
未能激出一些意味來
植物還在萌芽的內側
動物還在出生的內側
世界終於面臨一個早晨

照鏡子

童話故事裡
裸著身軀的國王
還算是可愛的

可是穿上衣
卻是身軀不存在
這才是真可笑

成人故事中
某日某人照鏡子
竟看不到頭臉

某人照鏡子
總是把鏡子背面
當做正面來看

賴皮狗

樓梯的邏輯
只有
要上，就上去
要下，就下來

邏輯的樓梯
只能
不上，就該下
不下，就該上

可是這隻獸
只想
一直賴在那裡
不上，也不下

林炯璧作品

林炯璧，台南人。在學生時代就沉溺於文學之中，寫詩也寫散文，作品散見於當時府城的「青年天地」。現安份於「主婦」的家居生活，但並未放棄數十年不渝對詩的摯情。

閒半天

有人　去看山　還計劃去望海
像煞唯恐綻放不及
匆促的夏日玫瑰
刻意熱鬧了週遭的蔥青鬱翠
更把四肢雕成轆轆的輪
去忙著所謂的渡假
唉　我自是你襟上一朵含蓄
很從容地放浪為現時
價廉的池上清波
一勺自在的波圈而已

把時分秒研成粉末如何
灑落和著閒的肩
我如此殷切盼望呢
這帖處方是冰涼剔透

是酸辣苦澀
糖入喉後再説
幾方蓆上　一塊天地
盤上雙膝
造作些許禪味　曠它個半天
而假寐大致已非午后重點了

啜杯薄荷綠也罷　沏壺茉香也好
竹簾捲處
流金也似吞人的火陽
儘做鳥獸散去
何必苦做忙人狀　腳步且緩
肆意啊　不用講究姿式的坐態
我來只為偷個時間的情
圖個簡易的避塵
留點閒哦　能像
一圈池上自在的波就好

燃燒的水蓮

揉碎伸展台上面具的表情
滴淚在千張笑靨
我是劇中人
依舊旋轉於假想的舞台
我是豪放的狂歡者
馱負萬般不知何以的悲哀

有憶載
我不再去朝拜陽光的祭典
而且很勞累地
只能和小小歌者
齊哼一首廉價的古典
把過往與將來狠狠地踩死
我年輕的日子被釘牢在咫尺天涯

那全是滾飾了花邊的啊
我竟慷慨地捐棄了它
而耕植一樹孤獨的果
水蓮啊
我與妳併著燃燒

升取一簇狂烈的火
我將灰化在無人的境界
刻塑成長篇美的故事
且傲立了生命
水蓮啊
我與妳併著燃燒

秋時

揣著虛胖了的豪情
這就去攀越登高吧
誰還記得行囊呢
更無須邁步蕩蕩
趺坐秋山深懷
總也是青來綠遶
我則大啖
耳際高價位的擾攘喧嘩
且讓
歌者引吭　舞者足蹈
成詩亦或入畫
己無關日月輪替
任他風割水涼沁
我只聽取一聲蕭瑟
隱者在山否
心頭正拒絕葉落一片情

林峻楓作品

林峻楓，中興大學會計系肄。一九八一年開始寫作，作品散見報刊雜誌。曾任廣播電台主持及電視外景主持、舞蹈及作文班老師、編劇。而詩畫一直是心中所愛，所以讓詩火來焚燒我。一九九二至一九九七年以雲楓、九楓等筆名，已出版過《愛在擱淺邊緣》等三十本愛情文藝小說。一九九二年參加中華民國編劇學會主辦之電視戲劇研習班，一九九三年參加九歌小說寫作班。曾獲台灣省新聞處鄉土散文獎及伊甸殘障福利基金會歌詞入選得獎。

是你讓我一夜未眠

一夜未眠
只為留下你的容姿在畫布上
莊嚴慈撫，纖秀英武
混合成一張
永世不滅的記憶

初見你，是佛非佛
棄你。佛不灰心
再度牽引，一夜未眠
讀你，問你
你答覆質疑
示現於夢帶我一遊地獄
我服，執筆寫你的劇本
你歡喜，我終於不棄你了

是你讓我一夜未眠
怎有如此撼力
只因你是地藏啊
地獄不空，誓不成佛
如今惡阿修羅們對你宣戰
如今大地子民已墜入地獄的煎熬
菩薩啊，你的悲願何日完成
不如快速複製你
人人是分身的你，地獄皆空
地藏菩薩啊
是你讓我一夜未眠

備註：八十六年九月一日（農曆七月三十日）有感於歷來與地藏之緣而抒畫。

陀羅行

你　佝僂數十世紀
祕密來　祕密去
誰也無法宰制

散了一地的製糖處方
有誰　能釀得更甜

結褵數載　從未嫌你老
你　依舊默然沉眠
是我不夠完美　還是你

五臟兀然跏趺　迸出的悲水淹覆了
羃羃下成癬的痼痞
一顆滴瘡成形的慈眉善目
悄悄去尋年輕的「心」上人

附註：八十六年十二月三日深夜默唸大悲咒爲一些青少年祈福，淚泉突湧，靈詩乍現。十二月二十九日淩晨忽又心血來潮修成，一翻農曆竟是三十日，不得不感於冥冥之推力。

林羣盛的詩

林群盛，台北市人。即將赴日求學。現爲文化大學《華岡詩社》社員，網路祕密結社《朱雀詩團》團員，《植物園詩社》隱藏社員以及《地平線》詩社社員等。著有詩集：《超時空時計資料節錄集Ⅰ 聖紀豎琴座奧義傳說》、《超時空時計資料節錄集Ⅱ 星舞絃獨角獸神話憶》。目前與葉蕙芳、waiter、child、LYRA等《朱雀詩團》團員繼續活躍在各BBS網站上。並預定在次年出版第三本詩集：《超時空時計資料節錄集Ⅲ 情之炎寒之焰優紅錄》

歸

他將天空折成一只行李提著
看著一隊白鳥啣著
地平線起飛

「然而遺失了翅膀的天空
　要如何飛行呢？」

風將影子吹起
栽種在一旁的孤寂都被掀開
雲，雪般飄落地表

一抬頭
所有的天空全飛起來了
滿溢著翅翼拍擊的聲音

他仍提著不會飛行的行李

走在許多翅膀巨大的陰影下

冬至

我以霜降的節拍彈起薄荷涼的演奏曲

一朵錯落的
雪花　打翻了眼角的淚
在星空四散紛飛…

紛飛…全都流浪得那樣
遠。
在那樣近的悲傷
上。

蘋果

蘋果不會幫妳做什麼
最多只能聽妳演講
乖巧柔順像一隻
紅潤的小孩
眼神專注
妳為蘋果訂製合身的西裝
結上領帶，正襟危坐
置在第一排的長木椅上
妳調了調麥克風
練習咳嗽及喝水
蘋果乖乖坐著
不故意模仿妳咳嗽
不打瞌睡，發出討厭的鼾聲
不偷聽隨身聽，用厚底
皮鞋打著拍子哼唱
更不會故意反覆看手錶
就算妳買給蘋果新錶戴也是
一樣。除了聽妳演講
蘋果；真的不會幫妳做什麼

及

回憶的經緯線溫柔地
披在眼淚色的地球上

紗布色的信件從北回歸線出發
卻卡在郵差色的棕櫚葉上
被赤道揉成灰燼

南回歸線只剩下
剛烘乾的天空色點滴瓶

應該再放入一封信
以瓶中信的手勢

可惜南回歸線太年輕
不會走路
不懂文字以及
流順如冰原的情書

「太早進化的回憶以及
太晚出生的文字」
一千萬年後的評論書說

林煥彰的詩

林煥彰，一九三九年生，台灣省宜蘭人，也一輩子都是台灣宜蘭人之淳淳樸樸。

已出版著編作六十餘種，作品被譯成英、日、韓、泰、法、德、義及馬來等外文，並出版《林煥彰詩選》（中、韓文版）、《孤獨的時刻》（中、英、泰文版・中、韓、英文版）、《嘰嘰喳喳的早晨》（英文版）、《林煥彰兒童詩選》（簡體字版）等。

從二十歲開始寫詩，就一輩子都想寫詩。「詩是什麼？」因爲太複雜了，就容許自已用「生命」兩個字來說它、寫它；詩就是生命吧！

讀牆

①

每天，我都到那裡去讀牆
——截時間之書的殘頁
很是奥義。

石灰都已脫落
牆面都已斑駁

時間，時間
就是這樣一種容顏嗎？

而我常和你擦身走過
卻未曾深識，你那額上蝕刻
鐘鼎的文字……

②

夜晚，我已讀過。

而牆猶是一頁晦暗的天空，星光
星光總隱在無望的眼瞼之後

除了祢，我該向誰問話？

偉大常因謙虛
岩石常因緘默

則我，已開始向祢學習——

③

扉頁終要翻過，雖則
陽光是一篇很好的序文
也要翻過

早晨，我就這樣停在最難懂的地方

而牆該為著衛護，還是
　為著囚禁？

很久很久
即因這樣的一頁
我不敢翻過

孤獨的時刻

門

不必說甚麼
進進出出，進進出出

你要我說甚麼？

樓梯與我

我上樓，樓梯跟著我
一步一步往上走
我下樓，樓梯跟著我
一步一步往下走

我在門口想了很久
它在門口想了很久

一堆廢話

海在最藍的地方靜止
浪花說了一堆廢話：
屬於海的，未必屬於陸地；
屬於陸地的，也未必屬於你

終於

雨停了，屋簷上
最後的一滴雨水想了很久
終於，忍不住
掉了下來！

秋

蘆葦不僅僅是一個哲學家，
而且也是位詩人；
他寫的詩，最短
永遠只有一個字

春天

水冷得發硬
一條小魚，使盡全力
刺破冰凍的湖心
春天，你還在等誰？

林錫嘉作品

詩人的精神本是超越現實，用詩的藝術，以及善美的精神來創作，期以詩來提昇心靈，轉化社會。

應該不是詩人隨著社會的脈搏起舞吧？二十世紀末台灣現階段偏重現實批判的作品，出現了重批不重詩的傾向，它們所成就的文化，有點令人心悸耽憂。

思考詩的大自然，這些突兀凸角崩塌，也許將有助於大自然更趨於完美吧！

碗粿叉仔

碗粿
裝著濃稠的晨曦
裝著母親手的叩問
裝著我的汗和淚
人生

在逐漸明朗的曙色中
我握緊鐵把的雙手
在微明的晨曦中
推動石磨
推動生命的輪轉
每日清晨
母親和我伴石磨
旋轉人生

生命在人轉吔
就像碗粿上面
摻蔥頭，或
鋪豬肉片
母親會在有豬肉片的碗粿上
點一點鮮紅的色料
要賣貴一些

如今，我總喜歡買
鋪豬肉片
又加一朵香菇的碗粿
看到碗粿上那熟悉的紅點
心頭就興奮不已
昔日
母親只准許我吃
摻蔥頭的碗粿

一粒一粒的米
炊成一碗一碗的粿
母親一粒一粒的血汗
養育我一寸一寸成長

回鄉時，女兒吃過
鋪肉片加香菇的碗粿
羞澀的向賣碗粿的阿婆
要了一根
碗粿叉子
一根油膩膩的竹叉子

尖尖的竹叉子
準準的對著我
思親的胸口
深深地刺入

雨夜讀板橋墨竹

雨夜很深
想自己是一枝墨竹
顫顫地斜出窗外
不管墨色濃淡
不管葉疏密
自己塗抹在這麼深的
雨夜裡
想要說些什麼

只是這一身清瘦
剛好斜過
板橋的畫冊上
笑聲突起
竹影亂作

板橋啊！
且莫笑，今夜
無心斜過你的墨竹
我身雖淡
只為探問你
夢醒揚州
多少風雨人生
三百年歲月竹依舊
今夜與你相伴
共雨聲

周伯乃作品

周伯乃，一九三三年出生，廣東五華人。空軍通信電子學校畢業。曾任香港亞洲出版社駐台執行編輯，《中央月刊》編輯，《中央日報》副刊執行編輯，《實踐雜誌》總編輯，行政院秘書，文建會機要秘書，革命實踐研究院組長。現任《世界論壇報》副社長兼副刊主編。中華民國新詩學會副理事長，中國詩歌藝術學會副理事長，著有《現代詩的欣賞》、《中國新詩之回顧》等詩論、散文、小說、文藝評論集等二十九部。

花之組曲

菟絲花

凝聚全生命之精華
作無休止的糾纏
繞著你而生而死
誠然，這並非我的本能
只因你是我唯一的依恃

在沒有風沒有雨的靜夜裡
曾向你傾訴過愛的呢喃
在寧謐而又聖潔的靈魂裡
獻出我赤裸如美麗婦人的雙乳

在染血的黃昏裡
曾以夕陽焚燃的愛擁抱你

像波濤撲向海岸
任燦爛的生命碎於那一剎的壯烈

倘若此刻一切都將毀滅
或許長長的黑夜不再醒來
我亦無悔無恨
因為今生今世
你是我唯一的依恃

山茶花

在古銅色的山坡上
植滿萋萋的山茶花
墨綠的細葉伸向陽光
陽光像母親撫育嬌嫩的嬰兒

樹莖是一張不規則的網
淺淺地紮結在地層的深處
不停地汲取大地的雨露

雨露日復一日地滋潤著它
像母親的奶汁滋養著我
成長　茁壯　不死於非命

在秋日
它以醉人的芬芳
飄蕩在茫茫的曠野
給人一種無比的誘惑
如同少女的媚眼
含蓄而深情

我曾以一顆顫抖的靈魂
投注於它的馥郁前額
企圖在花蕊迸發的溫香裡
尋回我失落的舊夢

蘆葦花

像飄雪　又似飛絮

在軟軟的微風裡　蕩漾
深恐驚醒牠的一簾幽夢

一群北來的大雁自沼澤上掠過
掀起一片濛濛而又潮濕的霧海
彷彿是萬家昇起的炊煙
在夕暮裡繾綣不散

老邁的仙鶴　伸長脖子
瞻望著黑龍江畔的歲月
猶如遊盼著迢迢的歸期

關外的馬嘶　不再
塞上的狼煙　不再
蘇武牧過的羊群　也不再
只有胡地天空的月亮　依舊
皎潔
茫茫的蘆葦花　依舊漫漫
像雪　又像飛絮

海棠花

午後　走過植物園的花圃
溫郁的陽光灑在翠綠的矮籬上
驟然發現海棠花淪為花圃的圍籬
長年守著衆花的開開落落
隨著風風雨雨　隨著日出日沒
它沒有憂愁　也沒有怨懟
祇忠實地守護著百花爭妍
仰望著雨露的浸沐

遶著花圃尋思
荷池的馥郁清香襲人
幾隻蝴蝶點著花蕊舞過
茫無頭緒地穿越於芙蕖與海棠之間
岸邊的垂柳搖醒春之跫音
激昂的蟲鳴營營地喚著歸去
紫菀花爬過博物館的窗櫺
默默地偷窺著古老中國的甦醒

紀弦作品

台灣詩壇祭酒，詩人紀弦，本名路逾。江蘇揚州人。一九一三年生。一九三三年畢業於蘇州美專。從事教育工作。一九四八年來台，執教於成功中學。一九七四年退休。一九七六年赴美，定居加州。一九二九年開始寫詩，成名於一九三四年。來台後，一九五三年創辦《現代詩》季刊，領導「新詩的再革命」運動；復於一九五六年組成「現代派」，提倡「新現代主義」，給與詩壇以極其廣大而深遠之影響。著有詩集十部，詩論、詩選、散文十餘部。

現實

甚至於伸個懶腰，打個呵欠，
都要危及四壁與天花板的！
匐伏在這低矮如雞塒的小屋裏，
我的委屈著實大了：
因為我老是夢見直立起來，
如一參天的古木。

蒼蠅與茉莉

一隻大眼睛的蒼蠅，
停歇在含苞待放的茉莉花朵上，
不時用牠的兩隻後腳刷刷牠的一雙翅翼，
非常愛好清潔和講究體面的樣子。
也許這是對於美的一種褻瀆，

應該拿*D.D.T.*來懲罰。
但是誰也不能證明牠不是上帝造的，
誰也不能證明牠在上帝眼中是一個
醜惡的存在。

鳳凰木狂想曲

這裏一棵，那裏一棵，
宛如一簇簇的火燄，
散佈於嘉南大平原的鳳凰木啊，
你是樹中之樹，花中之花，
你是寶島之寶，亞熱帶的驕傲。
我最最喜愛的，
我最最欣賞的，
我最最陶醉的，
啊啊可親吻的，可擁抱的
鳳凰木！

像一種奇妙的詩思；
像一種樂想——
一種狂想曲之狂想：
如此熱烈，如此豪華，如此明快。
傑作！傑作！上帝的傑作！
鳳凰木啊，要是少了你的話，
南部就不成其為南部了；
要是少了你的話，鳳凰木啊，
我又為何而欣然南下呢？
說吧！藝術品一般的
鳳凰木。

看來你是一種落葉喬木，
但比那些大樹矮得多了。
高是並不怎麼高的，
然而這才合乎中庸之道。
你的花色非紅，非朱，非赤，
亦橙，亦橘，亦榴，

無以名之，名之為火色。
而你那工細的羽狀對生葉，
可說是一種純粹的綠。
這綠，給人以溫暖之感，
令人看了打心眼兒裏舒服，
不似那蒼綠得沒勁的老榕，
恒使我興起太多的憂鬱。
啊啊可親吻的，可擁抱的鳳凰木！
藝術品一般的鳳凰木！

總之，你的花葉與枝幹，
都各有其「部分」的美；
而你那「全體」之構成，
是一種生命的燃燒。
噢對了，我也是一個生命。
凡生命不都是應該燃燒的麼？
我將熊熊地燃燒。
我將大大地燃燒。
我將靜靜地燃燒。
啊啊！燒吧燒吧鳳凰木！

鳥之變奏

我不過才做了個
起飛的姿勢，這世界
便為之譁然了！

無數的獵人，
無數的獵槍，
瞄準，
射擊：

每一個青空的彈著點，
都亮出來一顆星星。

風信子作品

風信子本名張敬忠，一九四九年生，台灣省台南縣人，國立藝專影劇科編劇組畢業。曾任雜誌社編輯，傳播公司文案企劃。現任中國時報校對中心二級專員。著有《南風的話》、《文學的夢》、《夏日的漂鳥》、《潛龍吟》、《靈思慧語》、《來看人間》……等散文，小品集及詩集《走方郎中》等十多冊。並編有《一頁一小詩》四輯。詩觀為：寫詩是我痛苦時，心靈的釋放。寫詩也是我喜悅時，心靈的謳歌。寫詩無法使人致富，卻可幫人度過苦悶、哀傷的時光。我寫詩，因為它給我安慰，開啓了我心靈另一扇美麗的窗子，讓我重新認識這個奇妙的人間。

詩歌一生

唯有流盪的音樂
能夠安慰
寂寞的靈魂
正如
流浪的雲彩
渲染無邊的虛空

無聊的時刻
我哼唱著鄉土歌謠
讓愁苦藉著歌聲排遣
鬱卒的心情
乘著歌聲的翅膀
散翳九霄雲外

苦悶的時候

我吟誦詩詞
讓悲哀藉著鏗鏘的詩句
痛苦的胸懷
隨著詩句的精靈
化為涓涓流水

詩歌情懷
我就這樣過了一生

五十學篆刻

在朱文與白文間
在凸凸與凹凹裡
雕刻一個圓融的我
行年五十
而知四十九年之非
非在懵懂苟活
不肯老實

面對自己

還有另一個五十嗎？
還要繼續懵懂苟活嗎？
不要再自己騙自己
想學甚麼就學甚麼
想說甚麼就說甚麼

活得痛快
就是對生命最好的報復！

給女兒的話

無權無勢
沒有榮耀的頭銜
爸爸遺留給妳們的
只是一腔熱血
和對弱勢者

不能已的同情

春天來的時候
懂得如何欣賞春天的美
客人來的時候
懂得如何禮貌的問候
愛惜自己的生命
更如何懂得去發揮
自己的天分
這是爸爸所要
教給妳們的

沒有天生的聖人
因此不要怕犯錯
誠意待人
努力做事
這就是做人的本分

不要妳們光宗耀祖
只要妳們活得健康快樂
像樹林裡的麋鹿
自由奔騰縱跳
像空中的雲雀
盡情飛翔放歌

當最後一口氣不來時
只要聽妳們說：
「爸爸是個老古板，
卻是真心愛我們。」
就心滿意足

胡品清作品

胡品清，原籍浙江，現任台灣中國文化大學法文研究所教授。她是中英法三聲道作家，創作及譯述共計七十餘冊，在台灣、巴黎及紐約出版，其中大部分由北京市立圖書館收藏。關於詩的部分，列表如下：詩創作：《胡品清譯詩及新詩選》、《人造花》、《玻璃人》、《另一種夏娃》、《冷香》、《薔薇田》。

譯詩：中譯法：《中國古詩選》、《中國當代詩選》。中譯英：《李清照評傳及漱玉詞》、《漫談中國古典詩詞》。法譯中：《法蘭西詩選》。一九九七年榮獲法國政府頒贈棕櫚飾學術騎士勳章。一九九八獲法國文化傳播部頒贈一級文藝勳章。

時鐘

喜在靜夜
與時鐘獨處
且如是我云
鐘擺只是機械
不諳年華
一如節拍器不識音樂
一如死亡
無法衡量生命之短長

曾有那麼特異的一天
因你之顯現而發明零年零月零日零時
無終無始
悠久乃應運而生
時空不再轉換
分針秒針之競走不算什麼
發明才是一切

樹語

原非一盂清水中的長春藤
蒼翠披紛
只為了
裝飾客廳

亦非盆中的鬱金香
盡態極妍
只為了
把自己做成禮品

我乃高樹
餐風飲露
千手承載鳥歌
綠葉提供避蔭
當最後的時辰鳴響
依然屹立
氣宇軒昂

藝術家

神創造衆生萬物
但無暇記錄
於是
有了藝術家
祂的秘書
將上帝的心血結晶
加以記載及整理
點點滴滴
編成精美資料
一套又一套
讓地球上的匆匆過客
凝望 回眸 思索
讓平凡的眼睛及粗糙的心靈

獲得提醒
不把此生虛擲
或膚淺地度過

都市之歌

鬧市邊緣上
遲疑的山如是言說：
「我太龐大崇高
且承載茂林巨石
如何走入建築物擁擠的街道
如何溶入洶湧人潮」

樹群用千舌抱怨：
「大家只把死花陳列在攤位上
沒有誰為綠蔭準備地方」
如是鳥云：
「人們忙著搭乘飛機
無暇傾聽衆鳥枝上啼」

星月的話：
「霓虹燈沒有靈魂
卻能奪去人的眼睛」

最傷感的是雨滴：
「山仍是山
林仍是林
鳥仍是鳥
日月星辰依舊是日月星辰
它們以隱士的清高
遠離市囂
唯獨我
該把清澄的自己
與混濁的河川結成一體
讓自己墜落在被鞋底踐踏的馬路上
化成泥漿」

徐大作品

徐大本名徐懷鴻，民國五十六年四月十三日生，現任職某大公司機構工程師。曾獲校刊新詩獎比賽第一名、全國優秀青年詩人獎，曾任《中國詩刊》、《薪火詩刊》編輯委員。爲中華民國新詩學會、中國詩歌藝術學會會員。近年來創作極少在平面媒體發表，致力於網路創作。詩觀是充份的感動，以精簡美麗的意象表現詩。

意象

在夢中看電影
杯中的玫瑰會笑
從枯萎長到開放

風流得像水一樣
而我們就走在水中
踏進腳都不見了的白中
用手飛翔

星星種在花圃中
而手上總是挽著一大把
不停的抖動
希望能掉出一個願望

用腳指數著波浪

在不經意的歲月裡
她卻偷偷的摸走了我的徽章

摩訶男

毗琉璃王踩著部屬的生命
用士兵破碎的頭顱
踏入迦毗羅衛國
軍隊如水注入
敵人的血在鍋子般的城牆中
沸騰　溢出
在毗琉璃王的權杖與信仰間
每次風經過
綻放的蛇燄從身體竄出
在地上扁平寬大地爬行
舔蝕敵人
舔蝕親人
啼哭驚慌的紅色日子
人踩著人臉逃命
擠壓雜踏在酒瓶般的道路
不知是親友還是爛泥
幼子哭嚎的影子
在馬蹄間閃動
母親找尋的沙啞嗓音
在刀聲中消失

迦毗羅衛國攝政王摩訶男
在頭髮排成的道路末端昇出
污紅披巾下藏著
雙足折斷般的移動
懇求著　一次供賞玩的遊戲
入水時間為限
浮出前　暫停以人命做劍鞘吧

人民如瀑布湧出

魚群的生命
將在摩訶男的換氣中
失去顏色

刀斧弓箭在城門口大張著嘴
準備另一次的調味
就等摩訶男抬頭
撞入眼中
生與死交替

時間失蹤了
毗琉璃王派人去尋
探子心驚回報
看見永恆

強忍的雙手
武斷的嵌入碎石與雜草
髮繫樹根杈的糾纏
絲絲寸寸牽掛著
爭取生命的瞬時
混雜在模糊的氣泡
水底與水面上
換了蒼白

毗琉璃王淚濕了太陽
讓熱變冷
　冷變熱
生殺裝瓶
故事開鏜

註解：毗琉璃王攻入迦毗羅衛國，下令屠殺人民。迦毗羅衛國的攝政王摩訶男，不忍心見百姓遭屠殺，就求毗琉璃王以他潛入水底、重新浮出水面那樣短促的時間為限，給人民一個逃亡的機會。毗琉璃王答應了。過了很久，還未見摩訶男浮出水面，毗琉璃王派人入水找尋，才發現摩訶男為了延長人民逃命的時間，把頭髮縛在水底的樹根杈上，已經溺斃了。毗琉璃王深受感動，立刻停止屠殺。

徐世澤作品

徐世澤，江蘇東台（興化）人，一九二九年三月十三日生。國防醫學院醫學士、公共衛生學碩士。曾赴美、澳、紐等國考察研究，數度代表出席世界詩人大會，足跡遍六大洲五十餘國。曾任主任、秘書、副院長、院長、榮總人月刊總編輯等。作品散見各報章雜誌及列入世界詩人選集，出版中英對照《養生吟》詩集。曾榮獲教育部詩教獎。現任中國詩經研究會秘書長、乾坤詩刊社副社長、源遠月刊編輯等。

戲

感人落淚的悲
令人捧腹的笑
動人心弦的歌
可憐復可笑的人生舞台

我們對這世界
投入一生的心血
像牛馬般的辛勞
扮演好自己的角色

屹立於沉默的微笑
壓抑的憤怒
不遂的命運
離棄的詛咒
瘋狂的活力

豪放的堅毅
各奔天涯
盡力作出色的表演

儘管無奈
仍然期盼
人生的戲不斷地上演

悟

當我十五歲時
任性好奇
讀論語的子曰：
「四十而不惑。」
那時，心智未受過訓練
這句話頗令我懷疑

當我五十歲時
心智較成熟
我並想起它的下一句：
「五十而知天命。」
現在，已經領悟人生歷程
啊，有道理，有道理

官章

我原是一個
未經磨刻的小石
被刻上單位、職稱和姓名
便與您有了親密的關係

像金屋藏嬌般
經常被藏之於密，帶在身邊
當您輕輕撫摸著我，將我壓撳
千千萬萬個您
便在人們的眼前出現

您是本尊
我是您的分身
一旦沒有我
您便著急，若有所失
沒有您
我就變成了廢物

冰河

藍天白雲，雪山綠水
深情地擁抱著你
我從萬里外來
探訪你這世間罕見的佳麗

直升機吻著你
傾聽你「格格」的低語
你悄悄地蓮步輕移

一瞬間，你卻發出
崩裂般的隆隆聲
是否你在掙扎呢？

你身著藍白黑綠的花衫
矗立在兩座雪山間
你只微微抖落了一點皮屑
便有刀山、劍壁出現
向四處投射

遊輪就近你的芳澤
發覺你更迷人
和煦的陽光照耀你
使你更美麗
有如彩虹在搖曳
衆人驚呼不已！

後記：余於一九九五年九月阿拉斯加破冰之旅、一九九七年二月南極冰河之旅，以及同年七月北歐冰島、格陵蘭之旅等所見的冰河景象。

夏威作品

夏威，本名謝信一，一九三九年生，台灣省彰化市人。台大外文系學士，中文系碩士，柏克萊加州大學語言學博士。曾任清華大學中文系客座教授，台大外文系兼任教授，現任夏威夷大學東亞語文系教授。著有詩集《小碼頭》、《無淚船》等。現為《秋水詩刊》編委及檀香山代表。

夢的海霧

飲酒的時候順便飲你
你在風裡
你的愁也在風裡
愁如柔波
擁霧的時候順手摟抱你的灰暗單薄
窗月薄薄　如酒　令人飲醉
醒來　夜色的含蓄　曉色的明白
都成了季節的錯誤

一種鳥在籠中　人在島上
難以穿越的限制
為什麼相逢偏在繁花盛開之後　為什麼
海鳥痴痴追逐波輪過後的白白浪波
船　島　海水　南洋
都是未證實的夢

如海霧　夜夜飄來
漂白我灰色窗口
別後此港將如你
如秋葉飛落的舞姿
海邊攤販的襯衫
就煩你今夜陪我溫酒
熨平　連同明日波浪起伏的千山萬水
你的眼波串成樸素言語　我將連同旅愁
如酒隨身攜帶　一路淺斟低酌
且醉且飲　直到天涯雲煙盡頭

彩色雨

讓那含愁的臉無聲浮上夜空
讓我面對嬋娟，面對千里相共的月圓
把相思如一串失去體溫的真珠
拋入長空，散作含淚難言的星星
只要花浮在如水的銀波之上
風一來就會把桂香的往事朵朵吹回
夜涼更深影濃的迴廊

我在曉風中等你
你滿身夜香，滿臉朝露
如微雨小舟，婀娜駛入港灣
投入霧色的歸程懷抱
不再流浪，不再驚惶
酣睡成無愁的童年，夢裡的歲月

四月，季節脫軌，海潮
瞬起，瞬滿，瞬溢，把我們一再
沖捲進落花繽紛的驚艷顧盼裡
於是春天的腳步失去重心
飄飛渲染成滿天彩虹煙雨
一岸海邊虛幻童話

高準作品

高準，一九三八年生，江蘇金山（今上海金山）人，國立臺灣大學畢業，中國文化研究所碩士，美國堪薩斯大學及哥倫比亞大學研究，澳洲雪梨大學東方學系博士班結業。曾獲選爲英國劍橋大學副院士，並獲美國愛荷華大學榮譽作家榮銜。曾任中國文化大學教授，《詩潮》詩刊總主編，美國柏克萊加州大學研究員等。詩作選入大陸所出《現代詩歌名篇選讀》、《中國當代名詩一百首》、《百年中國文學經典》及臺灣、大陸、香港之多種詩選，並有詩集、評論、散文等多種著作出版。除著作外曾從事繪畫，畫作選入全國美展等，並曾舉行個人畫展。

一瞥

一頭天藍色的小馬
馳過了
　　我的眼簾
而憩息了　輕舐着
　　　　　在我心田裏
　哦　那秧苗……

不，不是小馬
該是斑爛的小花豹
那麼跳着　蹦着
把玫瑰的花瓣撒在我的窗子裏了

窗子裏有陷阱呢
而我發覺　落下的
　　　　乃是我自己

附記：藍色的裙子與豹皮的背心，是她那天的裝束；而馬尾是她經常的髮式。這對她是分外合適的呀！

玫瑰

且悄悄放下
一束玫瑰
且悄悄離開
你的窗前

你不必知道
它何時摘下
也無須探詢
我為何奉上

你微明的小窗
我久已凝望
在冷霧裏終夜
望一點火光

企望着，企望着
你擎著靜定的火種
來到這霧茫茫裡
照暖我久盼的雙瞳

也許，你真也曾願
輕啟你迷濛的小窗
來握我冰涼的雙手
只要我將它輕叩

但我想，啊，我想
還是不要敲叩
風雪裏的長夜
本該我獨自承受

只是那一束玫瑰
我希望它不會
太寂寞的寂寞的寂寞的
悄悄兒在風雪裏凋萎

啊，我原曾天天澆灌
以我鮮紅鮮紅的血液！

那麼，且請你請你
當風雪已把我埋葬
就把它從窗外撿起
即使只擷一瓣夾在書裏

謁孔子墓

一步步走入那柏蔭的深處
瑟瑟的涼風啊叮嚀着肅穆
一步步消釋了心頭的塵俗
悠悠的浮雲是仰慕的凝注

悄悄地站立在高大的碑前
枯草啊滿覆着永恆的黃土
不輟的弦歌啊何處再尋覓
諄諄教誨着是人生的正途

文化的爝火啊由您而燃亮
代代呵輝耀着是禮樂詩書
您教導着什麼是仁心仁術
惟不憂與不惑能不懼險阻

暴雨不終夕兮您就是見證
生生不息的血脈剝極必復
深深地鞠躬啊向聖哲致敬
承先啟後啊振我中華民族

麥穗作品

麥穗，本名楊華康，浙江餘姚人，一九三〇年出生於上海市，一九四八年來台服務於林業單位三十餘年，一九五一年開始寫詩，曾加盟紀弦發起的「現代派」。擔任過《勞工世界》月刊主編，《現代文藝》月刊編委，現爲世界華文詩人協會理事，中國詩歌藝術學會常務理事，中華民國新詩學會理事兼副秘書長，第十五屆世界詩人大會籌備委員兼秘書。三月詩會同仁，《秋水詩刊》編委，《林友》月刊主編，曾獲頒第十五屆中興文藝獎章新詩創作獎，第卅五屆中國文藝獎章新詩創作獎，一九九一年詩運獎。著有詩集、散文集、評論集共八種。

燈熄了

—聞白曉燕撕票有感

熄滅了
一盞甫燃亮充滿憧憬的第十七支
生命之燭的燈
不是油熬乾
是風太烈
（一陣帶看血腥的殘酷狂飆掃過後，燈熄
滅了）
此刻
整個台北都陷入一片黑暗
為什麼
到處都颳起了
凶殘　暴戾　貪婪　嫉恨和自私的歪風

搖撼著這座原本祥和美麗的海島
將二千多萬盞點在人心中
透著一絲希望和信心的燈
吹得搖晃不安

淡水河

你曾經是貫通母體的臍帶
將唐山流來營養豐富的血液
源源注向貧脊荒蕪的城鄉
你繁榮了滬尾
也風光過艋舺
駝著大稻埕的茶葉走向世界
在國際市場上立名揚萬

你也曾展露絶色風華
在夕陽西下後的台北夏夜
在炮火和硝煙的夾縫中
搭起歌舞昇平的舞台
讓遊子們暫時忘卻流離顛沛

如今
上游林木伐盡
二岸高樓林立
你因吞食了過多的現代化污泥
已變成一條含著高濃度膽固醇
失去輸送功能的血管

釣魚台風暴

有人在海上霸佔了一塊岩礁
用燈塔、旗幟作餌
試探海域鄰近的動靜
浮瓢在浪濤中飄搖

無論是魚是鱉

還是價值連城的寶
國土的主權是不容損及絲毫
護土的勇士們
扯著浮在海面的標
平靜的海域逐扯牽出紛擾

燈塔原是安全的指引
可惜它搞錯了方向
將一批批愛國之士
引向風暴直衝岩礁
插旗、喊話、甚至捨命波濤
誰說中國人如海灘之沙
這時刻二岸三地譴責之聲
足可懾住海盜艦艇上的槍炮

香港·一九九七

從一滴飽含割肉之痛的淚水
滴落成一顆維多利亞皇冠上
日不落國東方的明珠

一個灰姑娘般的小漁村
經一百五十年歐風西雨洗禮
蛻變成珠光寶氣的城市貴婦

如今她將帶著滿身自由民主的洋味
回歸到小腳乍放的母親懷裡
成為改革開放後第一個新貴

我們該為她慶幸抑或有所期待
所謂五十年不變
七月一日不已經是改朝換代的劇變？

秦 嶽作品

秦嶽，本名秦貴修。一九二九年十二月九日辰時、生於祖籍河南省修武縣東門裡南后街祖居宅中。國立臺灣師範大學國文系畢業。先後曾任教師、教學組長以及訓導主任等職。曾做過大地、小說創作、明道文藝及中市青年等詩刊雜誌編輯工作。噴泉詩社創始人之一，也是首任社長。現任文學街出版社副社長兼總編輯，中國詩歌藝術學會理事，台灣省文藝作家協會理事，台中市青溪新文藝學會常務理事。曾多次獲書法、語文、文藝獎。著有詩集《夏日·幻想節的佳期》、《井的傳說》、《臉譜》，散文集《影子的重量》、《雲天萬里情》及論著《散文欣賞》等書。

在天祥稚暉橋下

枕著濤聲
在稚暉橋下小睡片刻
聽濤聲吟唱著千古的寂寞

伴我入夢的是穿梭在橋上遊客的倒影
我夢誰　誰是我　誰夢我　我是誰
只是一片朦朧

是那雙曾經推動搖籃又會彈琴的小手
輕輕巧巧的撫摸
為我遮風避雨　拭去額頭濃重的烏雲

鳴響在祥德寺悠悠的鐘聲
隨著天峰塔裊裊上升的雲煙
直達天庭　融入我的夢境

歷程

不必煩惱
人世間的任何塵事俗務
連孩子娶誰　嫁誰
如何走未來的路　都不必擔心
一旦　你真的疲倦了
就悄悄地閉上眼

不管鑼聲喧天
不管風雨陰晴
不管古往今來
不管人聲沸騰
不管山明水秀
不管繾綣深情

當所有的
風景　迅即
暗淡下來
你就沉沉的酣睡
做你永不甦醒的
夢

西湖之秋

一步一景　景隨步移
遁身西湖　走入風景
在重重疊疊繁繁複複的風景之中
你我都成為風景

斷橋不斷　斷的是一世情侶的未了宿緣
長堤不長　長的是千古詩人的綿密思念
孤山不孤　孤的是隱居山林的梅魂鶴影

西湖早到的秋

颳起唐宋的風
捲起我一頭霜髮的醒愁

髮梢上綴飾著的夢悄悄滑落
迷迷離離的隨著葉片飄游在湖面
任小舟擦身而過
任遊客把臂玩索

夜宿鄭州

凝視著夜
凝視著冷冷的故鄉的夜
屬於臘盡冬殘的青空
有淡淡的月　疏疏的星
在小小的窗口
守護著一室的落寞和空寂

偶爾有雲經過
一如我離家時踉蹌的腳步
未留下任何承諾和訊息
就匆匆的開始了無休止的飄泊

直到晨曦升起
照著我一無睡意的醉眼
才驚訝的發現
那魂牽夢繞了四十年的故鄉
突然猛力一把　擁有入懷

我以含淚的眼
噙住故鄉一片溼漉漉的風景
只要能回到家
就不再管他風風雨雨　滄桑年年

孫家駿作品

孫家駿，一九二七年出生於河南商邱。國立政治大學東亞研究所。教職退休。著有《北向吟》、《湄南詩簡》、《軍旗下》。第四本詩集《遠去的鼓聲》正結集中。詩觀爲：無論甚麼觀，不管你如何觀，詩就必須是詩。無論甚麼觀，不管你如何觀，都有可能留下好作品。至於你如何觀詩，別人也未必如此觀你。詩是巨象，我乃摸來摸去的盲者。

歸鄉吟

一

一片鄉音似海
繫飄泊之舟
在這幾度夢回的臂灣

撲面的風依舊
揚起的沙塵依舊
那條落日燒紅的護城河
依然穿過遮天蔽地的柳蔭

只有北門裡的回民不見了
聽說又被遷回西康
不習慣那股腥羶的往日
怒鞭縱馬的高原風

還是令人滿懷念的
轉進那個巷口
應該響起一片歡呼
多少笑、多少淚
多少鄰里的臉龐
多年揆離的步履

二

西南門
一灣水湄
訝異
望我，四十年歸來的白髮
我望
歲月
一葉扁舟
在亂葦中隱去
歸來

故鄉
歸來
你我同是劫餘的碎片
淚眼互看殘存

三

依然堅持
那株老藤　依然緊攀屋壁
千手萬指虬結
苦苦挽留四十年的歲月不捨
不甘於龜裂
屋壁龜裂
不甘於傾斜
老屋傾斜
傾斜　龜裂
是誰攀著虬結的老藤張望
夢裡我曾幾度歸來

四

走過異鄉的山
走過異鄉的水
頭白，而鄉音不改
不改的鄉音沉澱成我的名字

迎著故鄉的風
回到故鄉的水
護城河，猶是那年哭紅的
一輪落日

猶是那年哭紅的一輪落日
而門巷冷冷
多渴望有人問我客從何處來

沒人向我問訊
也沒有可以問訊的人
明日又天涯
而街市燈火喧嘩
更無人問又將何處去

五

濃得化不開
千條
萬縷
柳絲，鄉思
柳蔭、鄉音

柳絲依然
鄉音依舊
依舊長條似舊垂
繫不住
遊子又揮手
揮手
老去
老去
揮手

孫維民作品

孫維民，一九五九年生。輔大英國語文研究所畢業。曾獲第十三、十五屆時報文學獎新詩獎、中央日報新詩獎、藍星詩刊屈原詩獎、優秀青年詩人獎、第八、九屆梁實秋文學獎散文獎等。著有詩集《拜波之塔》（現代詩社・一九九一）及《異形》（書林・一九九七）。

夏天就要過去

是的，夏天就要過去
我已經看見窗外的樹葉，一片，兩片，靜靜地
告別枝椏。下午的日影也提早攀上
五點鐘的位置，一枝窗緣的藤蔓
是的，不斷飄落的是我們的肌膚
陰影和睡意在瞳孔的四周
迅速擴散。我甚至聽到蟋蟀的清歌
像一顆星，在墓園的草叢裏冷冷發光

三株盆栽和它們的主人

I

他是一種較為低等的生物：
無根。排便。消耗大量的空氣和飲食。
善於偽裝。雌雄異株。
心靈傾向黑暗和孤獨。

每夜，我站在窗臺上
收聽他的鼾聲和囈語
觀望七彩的夢，反覆
重播——我也發現了死亡
祂曾幾次經過窗前
向內窺探

II

我迅速地衰老。

無法抵擋重力的催眠
枝梢的花瓣，終於，沉沉地
睡著了，
睡著了。起霧的世界高速旋轉
無聲地脫離彩色的夢……

他迅速地衰老。

雨絲細細地佈置
他凝望的窗外，一棵落葉喬木
更遠的遠方有一群雁
依照秘密的計劃飛行——
他捺熄煙頭，在房間裡踱步
咳嗽

他撥了兩通電話：副刊和出版社——
「最近寫的不多，」他說：「不過
愈能感受書寫的迫切。」
鏡片反映簡陋的室內
他的眼神疲憊：「我必須儘快

寫些真正好的東西……。」
他放下話筒。一小時後
他走出書房，心思仍然懸繫著一個句子；
他將我搬至屋外，接納雨水
且以心痛的沈默
拾起客廳地板上的一朵落花。

III

我傾聽著。偶爾也睜開眼睛。

日日為我澆水的人，今天
腳步和呼吸明顯地變了。今天
他比昨天遲緩一些，濁重一些
陳舊的輪廓更為模糊一些
今天，他更遠離他的族類。

我裸露著。偶爾深深地呼吸。

日日為我捉蟲的人，今天
體溫和膚觸明顯地變了。今天
他比昨天冰涼一些，粗糙一些
腐朽的氣味更為濃烈一些
今天，他更接近我的族類。

涂靜怡作品

涂靜怡，台灣省桃園縣大溪鎮人。是《秋水詩刊》的創辦人之一，也是《秋水詩刊》的主編。著有詩集《織虹的人》、《秋箋》、《畫夢》等十二種。得過許多文藝獎，包括中山文藝獎。現爲中華民國新詩學會常務理事。婦女寫作協會及中國文藝協會會員。編有《盈盈秋水》、《悠悠秋水》等詩選。詩觀：詩是我的代言，也是我心靈的小屋，更是我閨中的密友。我的喜，我的憂，詩替我表達，密友與我分享。當我在現實生活裏遭受到挫折時，詩是等我回家的那盞燈，慰藉我創傷的心靈，也美化了我的人生。

也許

讓我慢慢學習
慢慢咀嚼我們的過去
以及

這一路走來
滿是荆棘的境遇

愛　也許可以不語
也許可以像一支甜蜜的牧笛
在滄桑的歲月裡
執意覓尋的

也許只是一處可歇息的角隅
也許是一行不再燃燒的詩句

如果相信　人生如戲
相信這一切宿命論

那麼在悲喜之間
出塵入夢　就該
趁著東風未老
　夏荷未殘
緊依著向晚的小窗
也許還能垂釣
一抹斜陽
擁住落幕前
不忍離去的掌聲
為自己畫一幅
忘世的桃花源

昨日·今日·明日

想像著昨日
心中滿溢著幸福
年輕的歲月
是一筆龐大的財富
曾經
任我揮霍自如

今日
今日是一罈陳年的老酒
是一縷縷理不清的鄉愁
一路走來
苦苦澀澀　坎坎坷坷
總在醉與醒之間
無從選擇　也
不堪回首

而明日
期盼是一幅出塵的畫
有寂靜的山林
有婉轉的鳥鳴
伴隨清風明月
恬恬淡淡

過一生
想一個人

晚景

不曾有約
你卻悄然而來
在我不設防的心域
蔚為一片風景
一幅畫

彩霞滿天
是你刻意為我揮灑的嗎？
那樣絢麗
讓我在欣喜中
又難抑幾分無奈和驚悸

不談
走過來的路
曾有多少掌聲
多少憂怨的故事

只想
當千帆過盡後
紅塵之外
仍有一杯清茗
一個小小的角落
等我淺酌過去
容我深藏一顆
童稚的
詩心

荷　士作品

荷士，本名簡全亨，臺灣省臺北縣人，一九七三年出生，一九八九年開始寫詩，詩作發表在《現代青年》月刊。除了詩，也寫散文，偶寫詞曲自娛，此外，也參與漫畫、插畫、藝術畫創作。曾任書店店員、平面美術設計、MTV美術和CF製片，現從事青少年故事語音編劇撰稿工作。中國文藝協會會員、中華民國新詩學會會員。詩觀爲：詩是最精妙的文學表現。我認爲寫詩應兼顧個人殊性和大眾通識，在詩思上應運用立體的觀察與想像，在詩句上應避免平面的直敘，而詩情上必須是眞善美的，並以順暢的節奏和高遠的意境，使詩作充滿詩意。

思念

暗沈的夜色裡
月光　輕輕灑下
一些感嘆也灑落下來
在他深鎖的眉際
他細數
遠方亮起的晚燈
昨日的那盞
始終懸著並且通亮
明月
也經年掛著

撞球檯上

推桿出去，撞散多少相聚
顏色與顏色，數字與數字

叩叩，是相逢也是分離

當年你的我和我的你
就像長方桌上兩顆相撞的象牙球
好短暫的相遇

我不願承認，眼前只剩空蕩的桌面
而取球洞中俯拾可得的，只有回憶
想詢問，你的消息卻在不可探測的孔袋裡
撞球桿終於無奈的跌落地上
如果照明燈也絕望的熄了
燈下，我將化成一室忍不住的黑鬱

傢俱

在高處，我有一件亮麗的破棉被
藍色的天空，紡成了棉被套
因此，雲
破洞裡露出了白棉絮
陽光，
是脫落的金絲線。
但我有春蝶振翅的喜悅
每日，我的翅膀都覆蓋上天空
白晝，展開雙翼飛如輕花
黑夜，擁著星子們入夢

在低處，我則有一張床，也是亮麗的
可惜鋼筋骨，水泥肉
睡得腰酸背痛。
醫生診斷，病因是床鋪問題
惟一處方——改睡一床軟山柔水
草編的，大的，百花鑲的
否則後半生旋即縮短如蜉蝣

莫　野作品

莫野，本名李彥鳳，祖籍安徽。熱愛寫作，痴心於詩，以書爲師，自研自習，自得其樂。九三年與數位志趣相投的女詩友共同創辦《谷風詩報》，任發行人兼社長，同年榮獲中華民國新詩學會「優秀青年詩人獎」；爲中國文藝協會、中華民國新詩學會、中國詩歌藝術學會、三月詩會等組織之會員，作品散見於海峽兩岸各報副刊與詩刊。目前爲專職小說家，作品計有七部三十餘冊武俠小說；個人詩集《情人手札》正籌畫出版中。

老樹

春天，舒展臂膀
綻開笑靨，迎接
歸來的候鳥
夏日撐起巨傘
搖頭擺腦過得消暑

秋風裡，開始變得肅穆
深沈的等候著滄茫
剝除滿身繁縟
安然於冬夜
英挺的站成孤獨

年復一年
持續相同的堅持
直到時間匆匆離去

留下一身未完的雕塑
才從遍體的疙瘩中醒悟
夕陽，已然垂暮

薔薇物語

愛在叩門
玲瓏的心綻開
薔薇的溫柔
錯落荊棘叢中
每一次掙扎與拉扯
注定撕裂的傷痛

是上帝一時疏忽
安排纖細的靈魂住錯房子
從此王子愛上王子
公主獻吻給公主
禁忌花園裡
沒人説童話故事

麻雀

穀子熟時你就來了
時代在變
你跟著學聰明
看得出田裡那個人不會説話
在風中打打太極只是做個樣子
反正　收成不關他的事
你儘可放心大膽吃撐了肚子
得意的拍拍翅膀飛上高枝
斜睨起鳳眼兒
瞧殷實的老農　能奈你何

莫　渝作品

莫渝，本名林良雅，一九四八年一月二十四日出生於苗栗縣竹南鎮中港溪畔。先後畢業於台中師專、淡江大學。笠詩社同仁、台灣筆會會員。六〇年代接觸新詩，七〇年代翻譯法國詩，八〇年代進行譯詩研究與譯詩家評介，九〇年代認眞研讀台灣文學。著有詩集《無語的春天》、《浮雲集》等，散文評論《愛與和平的禮贊》、《河畔草》等，翻譯《德國十九世紀詩選》、《惡之華》、《韓波詩文集》、《香水與香頌》等。

回到水邊

淙淙流水
奔馳的響聲
震盪耳際

亂石間的河床
清淺　澄澈
但見春水
不眠地傾瀉

溯溪而尋
帶你回到泉源住處
用無垢的波心
浮雕你我重疊的投影

已是暮春時節

來到河上游
甩脱都會塵囂
浸淫在山林幽泉的天籟中

走進原始
我們的最初
沁涼的漣漪一直
牽動我們的眉宇

帶你回到水邊
淙淙響聲
是你不絕的耳語

東區女子

①貓語

親愛的東區
我定時前來
蹲踞這裡的巷弄
我前來，收繳
你們疏離的心窩，和
落寞的眼神

一切都很協調
我那隨季節變化的體香
惺忪的你們說是迷魂香

「到東區
豢養一隻波斯貓。」
招牌霓虹燈妖嬈閃爍不止
確認有貓的血緣，注定
遊走巷弄與席褥間

②蛇舞

不論何時，總有人驚見

神采奕奕的她
或勁步直走或顧盼左右
周圍聽話的氣息
迅快凝成
墜自夜空的點點星眼

一條冷冷的蛇
在東區熱燙賁張的脈管
滑行

無鱗的肌膚
不想防備，一味扭擺
盲從吹笛手的聲音

看不見的盡頭
有坑坑洞洞的路面顛簸著

③月吟

過了十五
我的體態快速消瘦
我仍用
貧血的貪婪的眼睛
夜夜逡巡你
端詳你

努力接近你
親愛的東區
我的蒼白
可否換得貞潔勛章？

直到融蝕隱失
蛻變一張新的面孔
知情否？我依然
徘徊被你忽略的華蓋
戀戀不捨

張 航作品

現名張航；原名劉賢明；筆名：張航、張一帆、南風、司徒仙夫。江西省南昌縣武陽鄉巷前村人，一九三〇年（家譜記載一九三一年古曆十月初二午時生）。一九六一年與張默、白居林…等共創文穗文藝社，曾任社長兼主編，係四十年代「現代派」詩人，兩度列入中華民國現代名人錄，在大學任教十餘年，現正從事文藝創作，新詩、歌詞、小說、兒童詩歌、民俗文藝、報導文學、論文…等，曾獲教育部文藝展獎章、第一名獎牌、第二名獎狀、獎金，及其他文藝單位頒發獎座、獎狀、錦旗、獎金等數十餘次。

顏色的時代

從無色的領域裡來
這時代，紅、黃、藍、白、黑……。
　　我曾被各色深染
齷齪的顏色，
染我成了一個小丑，
　　神魂潦倒的瘋子。
如何歸得去啊？
——來時無色的領域。
小丑似的我，
瘋子般的我，
　如何歸得去啊？

啊啊！
索性讓那深度的黑色，
　染蓋我這混合色的醜相吧！
那我又份外憂鬱，
　黑族是受人鄙視的。
於是我呀！
只有在彩色的染缸裡捱著，
　待日月來為我褪色。
那時啊！
我將立下銀色的標誌，
　給來者導向無色的境域。

鬍鬚

不打旗幟，
　是不能獲得任何人的信任。
於是——
首先豎起了烏黝的旗林，
　去征服獵取所有。
最後——
卻改撐了白旗，
　向時流屈服。

錶

不知是我生命的短暫，
還是你「答答……」得迅急，
孤零的青春被你驅走，
可怕的老年將要來臨。
於是我狠狠地把你扭停，
別人可譏諷我：

「戴老錶，跟不上時代。」

花果樹

花果樹是我的化身，
我是花果樹的原形。

花開是希望：
雪白的、金黃的、蔚藍的、粉紅的……。

花的凋謝是傷情的，但果熟是成功，
香馥馥的、甜蜜蜜的，故我忍耐著。

花果樹的原形是我，
我的化身是花果樹。

憶

緘默啟開了被時針門閉住的窗扉，
我漫步在那童話般的天國，
有仙姑，有神童、有銀鴿、有白馬……。
星星瞥視狡猾地向我眨眼，
我啊！又重邁上了來時路。

張 朗作品

張朗，本名張領義，一九三〇年九月二十二日生，原籍湖北孝感，現定居台灣省台北縣淡水鎮，大同工學院機械系畢業，曾服役軍中，退伍後曾任教大同工商，現又退休，寫詩自娛，曾出版詩集三本《一千個希望》、《漂水花》及《淡水馳情》。目前不屬於任何詩社。僅爲《三月詩會》同仁；詩作量大減。

女兒房間的燈沒亮

女兒房間的燈沒亮
她今夜不回家
但我不耽心
也不想念
明天不是假期
她讀的女高規定要住校

女兒房間的鋼琴沒響
她今天不回家
但我不耽心
也不想念
為了趕大學畢業論文
假日她也常留在學校

很久、很久了

女兒房間的燈不亮
鋼琴也不響
很久、很久了
我沒見到她
但我不耽心
也不想念
年輕人為前途打拚
住宿舍比較方便

一天，女兒房間的燈
突然亮了
我高興得連聲呼喚
她的乳名
回答我的是她的弟弟
「姊姊快出嫁了
我以後住這裡」

手

一天，突然發現
一直生活在手的陰影下
倉皇逃跑，又發現
到處都有那種手
硬要一手遮天

以後的夜裡經常做著
相同的噩夢
夢見身陷泥沼不能自拔
而那手，在頭頂
不停地變黑、變大
掌紋變成了奇怪的星座銀河
也有月亮（不知是甚麼變的）
但不圓不鉤　灰暗醜陋

以後的日子
彷彿已從噩夢中醒來
又彷彿沒醒
推窗外望 不見麗日
那手赫赫然在天

年屆七十 終於大悟
有史以來（史前不可考）
全人類賴以生存、發展
及進步的光明 只是
從那手的指縫間
漏下的幾絲陽光

億年化石

把它的存在縮短為一年
我們五千年的文化
現在還不到正月初一的
零時二十七分
跟永恆拔河的詩人啊！
你的作品
可看得到元旦的
旭日東昇？

把地球的存在比作一年
我們將如何想像
自己漫長的百歲人生？
在秒針的「滴」聲中呱呱墜地
決聽不到它的「答」聲
啊，卿卿！
叫我如何詮釋
天長地久的愛情？

張健作品

張健，一九三九年生，浙江人，台灣師大文學士，台灣大學文學碩士，現任台灣大學中文系所教授，中國青年寫作協會值年常務監事。香港廣大學院講座教授。創作四十餘年，著有《春安大地》、《人生三十喻》、《敲門的月光》、《兩隻皮球》、《中國文學批評》、《中國古典詩新論》、《中國現代詩論評》等一〇一種專書，其中包括詩集三十種，兼事詩、散文、小說、文學批評、學術研究之著述。

明天添一位父母

蕭瑟的深秋
寶島有一樁大事：
人人都出門
去領取夢幻

仔細領到手，蓋上
紅色或藍色的戳記
投入一隻大撲滿
然後鬆一口大氣
回家去睡大頭覺
（讓他們繼續喧譁）

明天一大早起床
睜開大眼睛
發現自己又添了一位父母
也不知供不供晚餐

林蔭大道

——懷念孔子

足足四十五年前
我開始掀讀你留下的經典
彷彿進入一林蔭大道
空氣清新
鳥鳴嚶嚶
時而有一片陽光
灑在我純白的頰上
我隨意停下腳步
飲一泓路邊的流泉：
「已所不欲
　勿施於人」
一股清冽的芳香
頓時沁入我的肺腑

我不是一個盲從的孩子：
　「割不正不食……」
我不禁笑出聲來
然而我仍繼續前行
深信前方還有重重美景

一位看不見顏面的老人
恍惚在撫摸我的前額：
「人生中自有春夏秋冬
　此刻你不妨跟著我
　不怕失足倒仆
　只要不懼不惑」

讀完了一本書
我逐漸的成熟

謝師宴

一千四百個綠色的日子
凝聚為紫色的一點
這夜，如一旋轉的水晶球

那些稚語和衝動
那些呼吸和光影
那位站在講台上的白髮人
那個滾在青草地上的夥伴
如此逼近，又如此遙遠

今夜，一切都被過濾過
彷佛有一千隻蜜蜂
　一千羽蝴蝶
由四面八方
薈萃於一隅之地

他說了一串溫馨的話
她拋出一個嫵媚的眼神
過去是一場濃霧
而未來，也許是
一顆露珠

一杯水酒能象徵什麼
一束鮮花又說明甚麼
一瞥閃光燈
更捕捉住了多少？

歌聲悠悠然
淚水蠢蠢然
珍重，珍重
再見或永不再見……

張默作品

張默，本名張德中，一九三一年生，安徽無爲人，在戰火中成長，一九四九年來台，參加海軍。一九五四年在左營與洛夫、瘂弦共同創辦《創世紀》詩刊，迄今已四十三載，仍在繼續發行。著有詩集《愛詩》、《落葉滿階》、《張默精品》（大陸版）等九種。詩評集《無塵的鏡子》、《台灣現代詩概觀》等四種。編有《六十年代詩選》、《小詩選讀》、《中華現代文學大系．詩卷》、《新詩三百首》等十餘種。被譽爲台灣新詩的活字典。

桌子

你站在時間的缺口，不搖不晃，默默無語
經常展示著一種憨態，彷彿那個空間是為你而冷冷的活著

水晶燈柔和的光，平靜地灑在你的胳膊上
那卷墨綠的《二十四品》，被衆多細緻粗拙的手爬梳著
想把詩意盎然的水分，悄悄自木質的紋理深處彰顯
還是要從一眼看不透的古樸的方塊字的叢林間刺探
繾綣，惆悵，肌理，擦拭……
手牽手，結伴在坦蕩無邪的腹地上野宴

你站在歷史的背後，一派老僧入定，不染

微塵
每天，祇是癡癡的望著，守著，睡著，醒著
同樣的某些人，某些事，翻書，選菜單，撥電子計算機，做筆記
嘻嘻哈哈，漫不經心，或者發怒時猛烈捶打幾下老天
這又有什麼不好呢？日子總得像流水，自適自在
何必老是把自我懶懶虛虛的，放逐在一具空空的杯盞裡

那裡有海及其他

①

以焚燒，以跳躍，以達不到的高度
在看似黑暗卻又並不黑暗的夜晚
我是一隻孤獨的鷹
穿越一排水泥森林，伸長脖子眺望著

②

觸及，一再的觸及
那些笨頭笨腦的線裝書
滿面塵垢，且是極輕盈的
在我的思維深處，插秧

③

那裡有海
那不過是一片蒼蒼莽莽的草原
拎著地球朝落日的反方向溜躂
最後它也一聲不響被星空吞沒了

④

所謂早，祇是一瓢清水

所謂晚，祇是落霞孤鶩誰先誰後的問題
所謂生，祇是雄雞一聲天下白
所謂死，祇是兩腿一伸而已

天葬之驚

偌大的拉薩花崗岩天葬台上
一顆顆凹凸不平的圓溜溜的孔洞
豁然彩繪著人體的卑微

每一顆頭顱，都從這裡出發
每一對眼睛，都從這裡眺望
每一根毛髮，都從這裡燃燒
每一具軀殼，都從這裡風逝

到底人的脈搏停止後那個臭皮囊該作怎樣的處置
水葬，與大海共枕
火葬，與陶罐永伴
土葬，與青山對奕
抑或把它製成木乃伊送到博物館裡陳列

當我穿越電視頻道驚見藏族發明了天葬
那一群群饑餓的鷹鷲
從四面八方撲撲俯衝而下
爭相暴雨式的鯨吞
不消一盞茶，所有的頭骨、腦髓、心肺
都被牠們一掃而光

嚇嚇，這種慘烈淒絕的風景
莫非就是為了完成一次轟轟烈烈的死
嚇嚇，且讓我舉起一已輕飄飄的身子
天空，請你深情的來詛咒我，啄食我吧

張香華作品

祖籍福建省龍岩縣，出生於香港，成長於台灣，國立台灣師範大學畢業。一九八五年參加美國愛荷華大學國際寫作計劃，一九八八年參加美國 Berkely 大學 Extension Center 英語高級班結業。中文出版者有詩集、散文集、主編外國詩選等，共二十餘本。被譯爲外語則有：英、德、日、韓、葡、西、南斯拉夫、羅馬尼亞、蘇格蘭、阿拉伯等文。朗誦並灌製成錄音帶及CD問世。曾獲國際桂冠詩人協會頒贈桂冠榮銜、中國文藝協會頒贈文藝廣播獎、羅馬尼亞 Banatul 大學授予榮譽教授。一九九三年起迄今，在台北警察廣播電台主持「詩的小語」節目。

碧潭流泛

一

有水的地方，就可以
相思
有山，便有人對坐
黃昏

曾經在綠波裡游泳的，和著
薑芥盛在小碟子上
珊瑚般鬚眉的魚蝦
全知道，那個歌調——
潭水年復一年地
歌謠伊的古老
驚出漫山翠鳥的復入
搖顫涯岸入夢的青青小草

二

一曲混聲合唱，伊是
啊！碧潭
一勺酒，一塘月光
一缽淘米淅
一竹竿浣衣水
一陣嘻笑，一腔哀愁
一種瘋狂，一種相思，一種入定
一道沐我髮、櫛我髮的碧溜和風
入夜的碧潭是一隻鼓
我的撐篙是敲鼓的手

總之，一瓢弱水三千，伊是

三

峰巒可以捉住星子
岩石給我們蒼蒼苔滑
像錦，照亮我的
雲絮會聆聽
淙淙冷冷的
伊在獨彈自唱
每一個昏暮，每一個晨間
　　在碧潭的柔浪裏

四

清曉的潭，是空腹的肚腸
河床歷歷的將
伊的瘦損
暴露給我們

橋是橋，路歸路
長橋並沒有縮短
碧潭兩岸的距離愈來愈近
撐篙手一支歌還沒有唱完
登岸的人已去遠了
曾經有隻會唱歌的手
撫過琴弦、琴鍵的
潭底，伊

會不會就是陶元亮那張
琴？
古老的歌聲老無力？
啊，碧潭，伊的橋底
仍以一渦笑的清淺，朝你
趁上流煤礦的黑墨水，還沒有
塗污這整篇幅的錦繡
投我在碧潭相思的哀歌裡
　浸一浸吧、浸一浸
　在必碧潭相思的哀歌裡
在碧潭相思的哀歌裡一浸

如果天下沒人讀詩

千年之前
風雲雷雨諸位神祇
還未讓位給新進的星辰
天地，依然混沌莫名
地球上，獨有一處鍾靈毓秀
子民，披蘭桂、沐芬芳
　著霓裳、舞笙簫
長吟九歌，直沖霄漢
從此，四時和合、五穀豐收
　山河就序、萬物育焉
人人靈魂肅穆，合十祈天
降福，永世康寧

千年之後
諸神移民外太空
尼采宣佈上帝除名
光纖，繞半個地球傳聲
電子郵件，瞬間橫跨千山萬水
複製，教羊排美讓人倒胃
急凍，替大家預訂下世紀來生
比爾．蓋茲催我們上網擁抱未來
達爾文，坐在雲端冷冷的笑
雲澤夢鄉，落實成福爾摩莎
如果天下沒人讀詩，我懷疑：
誰，還能摸到心靈回家的門牌

張效愚作品

張效愚，筆名蜀弓，重慶市人，生於一九二六年二月廿四日。高中未畢業即響應政府號召知識青年從軍，投身戎伍來台。曾參與古寧頭大捷及八二三兩次戰役，迄至五十九年春以上尉退役，轉竹山農田水利會，繼續爲農田服務。再於八十一年限齡退休。公餘之暇，自感生活空虛，乃寄情於詩，信筆塗鴉。著作有詩集、《鼓手》、《五弦琴》、《異鄉人》，評論集有《方眼中的跫音》。

波克幸運壺穴與上帝之窗

壺穴

上帝造的工具
不是尺、繩、圓規
不是鎚、鋸、刀、斧
而是柔弱無骨的水

以時間換取空間
上帝將布萊德河峽谷（註）
用大自然素材
打扮得有聲有色

羅列於谷底的壺穴

有方有圓、大小各異
高低錯縱，長短互陳
讓遊人嘆為觀止

上帝之窗

上帝似乎在峽谷口
開了一扇窗
我們也實地去觀賞
窗外的風光

谷口的霧，像似裝上毛玻璃
窗外一片朦朧，確實迷人
遊人心裡茫茫
意識到上帝的幽默
以及大自然的惡作劇

註：布萊德河峽谷（Blyder Canyon）位於南非特蘭斯瓦省（Trans Vaal）境內，流入印度洋。因地質及地形特殊，使峽谷形成不少奇觀，如壺穴與上帝之窗；前者遊人都看得出壺穴的鬼斧神工，而後者如上帝之窗，遊人只能體會出當地土人的幽默，卻看不到谷外的風光。

哭牆

當羅馬人的鐵騎
踏碎所羅門王所建的十誡聖殿
就註定猶太人流亡的命運
那時已是西元七〇年

在將近廿個世紀的歲月中
猶太人含辛茹苦，東闖西蕩
像極了玻璃球體中的蒼蠅
仰他人鼻息過找不到歸宿的生活

他們原始於美索不達米亞
由亞伯拉罕帶領到巴勒斯坦

再由大衛從迦南人手中取得耶城
滿想以此定都過太平歲月
孰料卻引來長達幾個世紀的宗教紛爭

首先入侵的是拜占庭人
繼而阿拉伯人、組成十字軍的羅馬人
土耳其人、以及撒哈拉沙漠的伊斯蘭教徒
雜居的民族不下十餘個
而且都有他們所信仰的神

從歷經的劫難中
猶太人流放於世界各地
他們的信仰、始終在耶路撒冷
雖然它僅存一堵殘垣

散居各地的猶太人
從歐亞、從中南美，從紐澳
不計代價，不辭辛勞地趕回
面對這半壁歷盡蒼桑的西牆
低泣默禱、面訴悲慟

註：哭牆（Wailing Wall）位於金頂清眞寺下方，這裡是猶太人心目中最神聖的地方，由於它成爲散落到世界各地猶太人哭訴悲運之地，故命名爲哭牆。即使如此，在「六日戰爭」前，約旦人控制東耶路撒冷時期（1948~1967）仍禁止猶太人接近哭牆。戰後，猶太人才獲得到牆邊哭訴的自由。

張國治作品

張國治，一九五七年出生於福建省金門縣。國立台灣藝術專科學校三年制美術工藝科、國立台灣師範大學藝術學院美術學系畢業。美國密蘇里州聖路易市芳邦學院（Fontbonne College）藝術研究所藝術碩士（MA）。曾任中學教師、美術設計師、電影美術指導、國立編譯館教科書美術編輯、《新陸》現代詩誌主編、《長城》詩刊特約編輯。現任教於國立台灣藝術學院（原國立藝專）工藝學系。美術作品曾參加國內、外各大展覽，詩作屢獲各種新詩獎，作品分別被選入各種選集，著作有詩集四冊，散文、小說、攝影等合集四冊。在海內、外文學報刊發表近一千首詩作，以及散文、詩評、藝文評論等。

告別金門

鏗然黑夜降臨了
當海風來襲
一疋橫波長沙灘
我們等待航程

微芒的月芽
如我們薄弱胸膛微微瑟縮
木麻黃簌簌嬝動
港口呈示歲月去向
離愁如海浪遼闊散開
潮來
海灣的淚珠化為燈火
舟子以浪人的默思
正面對未知
我依著港口撕裂的笛鳴

邁向星光

海正無垠展開
我離開那一片故鄉海灣時
淋溼的島突然倒退得很遠了
故鄉呵！在不可及的夢裡
請以最初的錨
繫緊我的纜

不敢睡著的夜晚

——詩贈曾志峰，記幾個與君
紐約共剪西窗燭的夜晚

夢，在夜裏
在巨大城市偏隅角落裏
用千種舞姿
搭起靈魂的野臺

春夜寂寂
你用千種輾轉
側身的姿勢，將歲月
翻了過去

你沉啞的音籟
叩響世紀末不安的耳語
傳呼著城市濃濁頻率
黑暗中兀自砌築世代最後磚牆
記錄時間序輪編碼
拓印夢的輿圖
而我，遲遲不敢睡著
怕一睡著
理想之星跑光了
怕一醒來
理想的衣裳綹褶了

記憶門鎖關閉
畫面頹黃了

我們再也沒有酣夢的權利
在時間系譜，生命書卷裏
在每一次理想升降飛行
趁著淚未滑落之前
在巨大頹靡城市雨夜裏
仍清醒著孤獨而又倔拗的靈魂

戒指

我原想卸下你
甜蜜的負擔

你是那種悄悄傳遞
熱量，反射光
以不滅元素搥造的
構成
緊緊套牢我
並宣示永恆
　宣示愛
但裸露在外
仍易風蝕、磨損
且藏污納垢

我應當悄悄
縮回手的
因為，這是你
佔領我
報復我的
唯一利器

彩羽作品

彩羽，本名張恍，湖南長沙人，民國十七年十二月四日出生。寫作年代甚長，十六歲時，即有作品面世。曾參加《現代派》、《詩宗社》，現爲《創世紀》詩社同仁。且曾任《現代文藝》編委，自由日報《晨鐘副刊》編輯，並爲國軍散文研究會會員。著有散文集《捕虹的天梯》、《雪・一道萬里銀牌》，與詩集《濁流溪畔》、《上升的時間》等。現居臺中市經營書業。

秦俑

赫赫然。這曾經一度
使我們的關山
白過，而且黑過的，秦王朝的
這許些兵馬，而今，他們
竟而又幽靈般，以一種
扭曲了的形態，藉著泥土，從泥土中
鑽了出來。嗯，這真像是
一陣墓塜的風暴。猶似當年，一夜之間
那四十萬衆
趙卒的亡魂

啾啾，啾啾！荒原鬼唱。所謂史事
總是這樣一種造型，總是這樣一道
再怎麼填，卻也
填塞不妥的鴻溝

深邃如此，我等，還說什麼
——一號坑！
——二號坑！
這檔子事兒，反正，誰也不知
究竟是退？或者
還是進？
噢，為什麼？為什麼
這麼個世紀，總是會有，這麼一陣子風，
會從東邊
吹向西邊？

啾啾，啾啾，啾啾！

我等，又怎能
以戎馬和刀槍，去填補
這段子空白？這倒也，無非
是專。無非
是橫。無非
是慾。無非是一種
夢魘的縮影延伸，甚且亦無非是
如是一種：
黑
與
白
。

秋日品梨

猛一抽刀，隱然間
這堅實的
雪一樣的冷冷，遂被
一口咬破。噢，是三月花開的
一團風暴，皚皚的
一片銀色，一朵
銀樣的

雪之白骨
竟而，我連
嚼都未嚼，然則，瞬息間
我這溫柔的
舌根的床沿上，遂有了
香甜的，隱隱的
隱隱的
溶雪的聲音

讓冬走過

冬走過
走過去了的冬，就像
這兒的一條荒徑
木葉蕭蕭，枯枝亂草間
許多墳塋
仰天而臥

冷雨裡，你是否
仍會憶及
那日的一盞香茗？
雖然，我素不
歡喜在寒夜中待客

這時節
也許所有的果子
全部已然落地，我獨憶及
大湖農區間的
那麼一畦子草莓
似在綠中透紅
而紅上覆綠

噢，讓冬走過

雪柔作品

雪柔，本名盧麗鶯，一九五四年生，台灣省板橋市人。世界新專肄業，寫詩也寫散文和報導文學。著有詩集《春天在旅行》、報導文學集《天涯行腳》、散文集《菱花鏡》等。曾任國防部心戰處「台北電台」廣播製作並主持「天窗下」文教節目、中視「繞著地球跑」製作。目前是超級電視台製作部策劃。曾榮獲全國優秀青年詩人獎及詩運獎。

等候

我已經在嚴叟的釣台上端坐經年了
巖上的古樹已長成一柱飽滿的天然傘
風的舌尖，雲的輕吻
都領略過這種風流滋味
而你的歸途
是旭日之晨？是炎炎熾午？是澹澹黃昏？

其實我不忌飲酒
偏食東坡肉
更鍾情曖曖昏羅帳
你不必以為山上的歲月將是慘淡修行
你可以讀你的詩經三百
弈你的楚河漢界
聽你的無弦琴
觀你的自在山水

甚且尋覓你生生世世的紅袖
都無所掛礙
只要你願意到這方釣台
偶而陪我夜讀奔流的星宿
以及山下翻雲覆雨的紅塵……

兩情

所謂生死相許
是青春之淚，歲月之悟濡成的詩句
在時間的荒野
在生命的沙河
我以詩句化繁花點燦星

所謂浩瀚江山
是離亂之歌，是生死之偈渲染的影畫
是不休的征戰
是無止的涅槃

我以影畫說心事讚此生

所謂海峽之隔
是相思海，是無情溝
是千里以外的兩心繾綣
合十藏於掌間的深情波瀾

無題之題——致C.C系列

（一）

白髮是一種溫柔的收藏
收藏四季不見的相思
以及猝然跌入的情感細河

雪鄉乍見，江南夢醒
冰封的小船封鎖了探春的水路
新降初雪卻吻甜了隴上的嫩葉

據說，融雪後的採收最有滋味
而夢裡相渥的手，濡溼的心
幾時才能萌芽一點春天？

註：於上海赴杭州旅途，我細賞雪中青菜田時，同行的C.C於火車上睡得正甜。

（二）

最後一夜敘別
海峽之水已漫天掩至
在酷寒中我們只好相互取暖
如涸轍之魚

想像曾有一處上古的水流
放牧你我的前生
在雲起中盤坐
在霧濃時小寐
不問成仙侶或做鴛鴦
只是淚眼看花，沉默讀經

分曉隔岸對望是必然的結局
又何必有遊湖借傘之後
斷橋會的斷腸
雷峰塔的氣短

請見諒天明前無盡的等待
溯流回到人世熟悉的河岸
泅泳已不知水暖水寒的春江
僅僅是泅泳而已

陳虹作品

陳虹（男性）筆名：悠悠、羅邦經。畢業於國立台灣師範大學國文系，台灣大學歷史研究所旁聽兩年。以羅邦經爲筆名之作品，計有：現代長篇文藝小說：《一個大學生的懺悔》、《留學博士發瘋的故事》，以及散文：《大學生的心聲》……：以陳虹（悠悠）爲筆名的作品計有歷史小說：《武則天與狄仁傑》等五本，論述有《世界文學家傳記》等多種，譯作有《永恆的愛》（又名天地一沙鷗）、《西洋幽默文選》……等書。詩觀主張以淺顯的文字，將平凡的事物詩化。但也贊成用優美的詩句，頌歌值得宣揚的人、事、物。

硬漢嶺之歌

群山屈膝
峻嶺躬腰
白雲低首相迎
海風奔來吻我
為的是我曾奮發向上
立足於最高峰巔

太空虛無，宇宙縹渺
虛無縹渺間有我真實的存在

高處不勝寒
沸騰的興致一旦冰凍
不話凄涼，凄涼濃郁
不扔嘆喟，嘆喟凝重
無可奈何放聲高歌

「我來，我征服。」

註：「我來，我征服。」(I Came I Conquered) 係羅馬皇帝凱撒的豪語。據説亞歷山大征服波斯時也有如此壯語；但當他遠征印度，登上帕米爾高原東望，展現在他眼前的是中國的綿延萬里錦繡河山，他才發覺所征服的「世界」只是全世界的一部份而已。於是他哭了。這正是：「不管你有一顆多麼雄壯的心，你也有悲哀的時候。」

溪邊竹

碧溪明潔我心明潔，
映玉立亭亭。
冷暖縈迴，
不損經年常綠芳姿。
雅室春濃，
老友清譚；
妳默然傾聽，
所云繁華浮生。
寒江雪融，
憑妳高節，
釣亙古悠悠，
於一絲情牽。
翡翠帶來松、梅問訊：
知已零落山間？

後記：和一群大學中男女同學在茹潭野餐，餐後赴楊子惠將軍別墅茶話後作。

琴

我若琴我心若琴絃
妳柔語輕挑
妳笑之弓弧觸及我心

我心愉悅
自深處溢出諧音

涼夜走近月躲星藏
妳的歌聲停泊在很久以前
請繼續擁我入懷吧
露露使我感到溫暖遙遠

吉甫賽的心情追隨者的心願
涉水越山跨過長橋默然相伴
那額前留海那素手纖纖
我本來是木頭也發詠嘆

置我於融融火中我將憔悴焚身
拋我在水上我漂泊流浪無歸依
攜我偕行吧
我為妳召喚蝴蝶飛舞馬前

陳欣心作品

陳欣心本名陳毓美，現爲國民小學教師。一九八五年榮獲優秀青年詩人獎，一九九七年獲國民黨中央婦女工作會徵文比賽教師組佳作，著有《夜盡天明》、《詩情芬芳》等詩集。詩觀爲：當千帆過盡，舊歡如夢；眞情不復尋。唯有詩，撫慰寂寥的人生。

燭

我總是多情的守著
孤寂的黑夜
沒有人會注意
我紛落的淚珠
是為誰憔悴

唐朝杜牧之是我的
　　　　　　知己
他道盡我千萬年的
　　　　　　心事
在這冷暖人間裡
我恆赤誠無私的
　　　　奉獻自己

霧

昨夜的一場夢
夢回故園
一片迷濛的草原
幾株怒放的雛菊
臨風款擺低吟淺唱
一段惘然的愁情
牽繫著
天涯歸人

在輕煙籠罩的晨曦裡
模糊的夢境
朦朧的情景
如隔岸觀花

它來了
附在小貓的足上
也氤氳在我的心靈中

念

寂靜的午後
相思無邊湧起
寫好的信箋
摺疊起濃濃的懷念
託付鴻雁

長廊的盡頭
在向晚的黃昏裡
有我深情的佇候
閃爍的星光
伴我無眠的夜

思念如許深深

一如皓空中的星辰
遼闊無垠
牽繫著永恆的深情

教書感懷

時光荏苒
三十餘載春秋
盡付粉筆生涯中
沒有喟嘆
沒有惆悵

憶昔滿懷壯志
踏入杏壇
兢兢業業執教為樂
舌耘筆耕恐虧職守
當年牽手學筆畫的小男生
如今長大成人
當年扯著裙角羞澀的小女孩
如今亭亭玉立
他們已是社會的中堅
國家的精英

春去秋來時序瞬轉
方驚詫日子之易逝
逝者如斯夫
不舍晝夜
今後悠悠歲月
仍要
犧牲奉獻灌溉幼苗
像採礦者一樣採尋
像雕刻者一樣雕琢
一分耕耘一分收穫
年年歲歲毫無怨尤

陳素英作品

陳素英，浙江人，筆名墨韻，著有詩集《水心詩岸》、《墨韻集》等，曾獲青年優秀詩人獎、歌詞創作獎，目前任教。詩作曾發表於大海洋詩刊、台灣詩學季刊、秋水、中華詩學，重慶藝苑等。創作觀為：生活不一定最眞實，詩讓我們重新面對生活與心靈，更讓我們認識文學有文學的眞理。寫詩像佇立城市中的馬路，想找到出口。

長江

誰將月的絲線繡滿江面
繡出夜色裡的山河倒影

誰將古老琴弦
安裝在山脈峽口
渲洩著大地子民的悸動

誰將陳年的往事
向歷史的河岸細訴

一朵浪花壓縮著一次滄桑
一粒河沙沈澱出智慧之珠

誰在河岸上伸出鐵臂
承載既有的負荷

迎接明日的風雨

誰將耳朵開放向
　沈默的兩岸
誰將寬闊與雄心交給
　時間　歷史　與宇宙

每一次的河水氾濫
留下一次先民生活起伏的淚痕
無數的泡沫
消長著爭戰悲情的狂瀾
把熱升向桅桿
把航道駛進史情的壯闊

遠望
一襲絲帶　牽繫出流動的鄉關邊塞
共織成夢土的方向

戰爭紀念館

炮尖塔尖
指向山尖教堂的十字架前
過往的生命在彈指之間

將軍平躺在功名錄上
勳章鑲嵌在青石碑上

密密松針刺繡著劫餘的藍天
寂寂清香遙映著淚泉如煙

芳草依著絕裂的地球緯度而生
悲情隨著延燒的戰火而滅
復活的死神靜定走過歷史長廊

紀念館無論方形圓形

不等於一個火化的地球
沈下一方黑幕

將士把凱歌獻給青瓦台上升起的晨光
夜自漢江取一顆星獻給教堂的塔尖
而我們該以什麼樣的眼光
獻給戰爭館作紀念！

掃松

昨夜
蒼松亭立古月
今夜
針葉紛紛零落墳前
老鄰居在裏面

掃起無邊的埃塵
一霎時　野茫茫
　　視茫茫
全無憑藉

掃花

從來
乘光陰的雲帚掃遍天下
不見一片落花

只見
一朵朝霞
兩片暮雲
幾番心影
一片簫笛
無端落雁

伯勞東去紫燕歸來
原來花在天涯夢裏
無邊

陳達昇作品

陳達昇，國立政治大學西洋語文系畢業。梁實秋文學獎詩翻譯獎兩屆（七十八、八十六年）得主，並曾獲中華民國新詩學會八十年優秀青年詩人獎。著作有：《落花有意》（詩集）、《跟星空對話》（譯詩集）。

休火山

烈火不光是青春才燒得起
間歇的休憩正好蘊釀長生
胸腹一股老練純火，練而不老
無不燒時，無時不燒
長存五臟焰紅似血
貫通六腑滋養如醣
恃一種深藏的內斂生態
婉拒觀光，謝絕採訪
不值得欣賞的外貌，除非
熱情主動經咽喉吐脫
霸氣隨口跟唾沫噴流
爆發燦爛煙花一般的震撼
教獸人土木全然知曉
所謂千驚百駭
源自丹田未知的秘穴

不及偶然一刹那驚呼
一張嘴飽含沸騰蒼生的訊息
每一秒冷血的火浴是每一紀熾熱的冰河
豐沃之前如果先要經洗禮昇華
也就是真正的催眠毒咒
如果美夢之中仍想說幾句話
那積沈已久的深知灼見
不忍緘默，如常等待
隨時發表由衷的滔滔雄辯

石鐘乳

海可枯，石可爛之後
應該還有一種最常見的岩石
恆常在靈魂的洞穴裡沈積
來自頑石，也來自滄海
雖然我們的愛情中一定有活潑的鈣
那麼的渴望化合，那麼的任性
隨便如天地間到處寄宿的碳
可以結晶，可以不結晶
都企圖轉化脆弱或堅硬
都認為素質不滅，可以換成
另一種形式的存在，雖然
我們的愛情不免也刻意滲透著碳酸
愛哭那麼一點點且不穩定的酸性
而在我不自禁，投靠萬有引力的同時
仍期待你承受這輕微的重量
並引我延長，且垂淚，以增加你的高度
仍凝聚向相反，但終將相會的方向
緩緩流著淚，慢慢待淚水蒸褪
一點點一滴滴想度量出靜止的時間
雖然我知道，我們的愛情
原不是天地間唯一的石灰岩

乾一杯

舉——

一杯清水邀各路朋友
一杯咖啡亢奮莫名的憂
一杯羹分贈熱情的伊
一杯茶香薰冷淡的自己

一杯真理去浸染詩人
一杯歷史來滲透今天
一杯願望灌注於昨夜
一杯夢囈傾瀉在枕邊

一杯現實蕩漾著天真
一杯青春要淹沒悔意
一杯辛酸攪拌了壯志
一杯疲憊任往事浮沈

一杯荒唐敬八方諸神
一杯血肉奉還給雙親
一杯啤酒苦笑起泡沫
一杯烈酒潑向命運——

來，乾了！

陳義芝作品

陳義芝，一九五三年生於臺灣花蓮。臺灣師範大學國文系畢業，香港新亞研究所文學碩士。現任聯合報副刊主任，輔仁大學兼任講師。思想勤敏，爲中堅代著名詩人。曾獲時報文學推薦獎、圖書金鼎獎、編輯金鼎獎、中華文學獎及詩歌藝術創作獎。著有詩集《不能遺忘的遠方》、《不安的居住》等六冊，另有散文集、論著，及中國新詩選注等多種。

住在衣服裡的女人

我渴望妳覆蓋，風一般輕輕壓著我
以妳細緻的皮膚如貼身的夜衣
或彷彿就是我自己的皮膚

牛仔褲是流行的白話，寫著詩一般騰躍的
短句
開叉裙有古典的文法，銘刻了長篇的祈禱
詞
春天一呼喊，妳絲質的襯衫就秀出兩朵
粉色的花苞給如夢的人生看

然而我知道，真實的祕密總隱藏在身體的
櫥窗裡
「打開看看吧！」妳含笑的眼神時常這樣
暗示我

為一顆鮮紅的果子而羞澀
千百個櫥窗中我看到妳眩人心神的笑彷彿未笑
寬鬆衣襬下搖蕩一奧祕的天體
蹙眉思考如聖經紙印的字典

多像一隻遠遁人煙之外卻愛戀著人世的狐
妳豈是我遺失的那根肋骨
或者我應是黏附妳身的一塊肉
降謫於床第，化身成一條天譴的蛇

我渴望穿妳，當披肩滑落勢如閃電
圍裙像黃金的穀倉微妙擺動
空氣在摩擦，日光在接吻
我渴望套頭的圓領衫埋入妳胸脯，陷身桃花源

放棄棉紗纖維的研究自是日
我專攻身體的誘惑，例如鈕扣鬆脫拉鍊滑雪
分分秒秒念著521 521……的傳訊密碼
自是日妳深潛我夢中撐開一把抵擋熱雨的傘
沿足踝的曲線向北方，妳是我望中帘幕半遮的門
我深信妳打開的皮包中永遠藏有我
——一堆親暱而俚俗的話

女兒

——未曾誕生的

我想擁有一個女兒
妳和我的女兒，像櫻花

散落枕間，庭前許多笑語
一個神情純真的女兒
張著紅潤的小嘴扇動雨簷的睫毛

她的眼睛包藏我們前生的愛情
小手攤開一張天河的地圖說
「七夕——」
她是妳我共生的預言
流傳市井的一篇故事

祈夢而無眠的夜晚
為傾聽露水捱近窗台的呢喃
我情願禁食，守在她進出的花園
唯恐聽不到她迷路時摇鈴的呼喚
「爸爸！」

更甚於床笫熾烈的情慾
我常因狂熱的幸福忘情想她

如果女兒就是情人
穿越滄桑的山水圍觀的人群
無視於嚼舌與饞涎

向著我，一百次一千次走來
陽光拂照她玉脂的肌膚
圓滾滾的小臂小腿
春天流水輕盈地交換步
桃花頰上拓印一顆痣

如果女兒就是日夜心疼的歲月
孤單寂寞與說不出口的
成長之痛，是妳和我的
櫻紅與流光
迷濛與張顧

陳寧貴作品

陳寧貴，一九九四年生，台灣省屏東縣人，現定居淡水。於七〇年代開始詩的創作，作品曾獲教育部詩獎、優秀詩人獎等，作品入選年度詩選暨中國現代文學大系。著有詩集《劍客》、《商怨》。詩觀為：詩是心靈的桃花源，亦是心靈的煉獄。詩的精靈，未必以文字現身，未來它將在多媒體的瑰麗聲光中展現另一種嶄新的面貌。

網路情人

掙脫逐漸荒蕪的自我
我們不約而同鼓動心靈之翼
飛向浩瀚網路
我們將在快速繁殖的
虛擬情節中的
空中相會

千里迢迢濃縮在指尖輕輕一按
你我風馳電掣而來
我彷彿聞到妳身上散發出來
名叫毒藥的香水味道
妳彷彿看見我深邃無底的眼眸
閃爍白馬黑瞳的詭譎光芒
那是令人酩酊的時刻

幻想既浪漫又邪惡
在虛無中我們試探彼此肌膚的溫度
分手時宛如高潮過後
疲倦與甜蜜交配成
依依不捨的怪夢
擱淺在黑白不分明的鍵盤上

詩人

曾驚艷世間千種花姿
她們姹紫嫣紅的眼波
為何停滯在無語的困境裡
你說花非無語
你微笑指點
瞬間天下花朵喧鬧而來
原來你是美之神
悄然治癒花們孤芳獨賞的自閉
令她們徬徨流浪的芬芳
凝結為情散播成愛

晨之舞

將體內洶湧的江河
悠然釋放
讓喧囂擾攘的世界
剎那間在指尖安靜下來
彷彿整個宇宙的星球
也都蟄伏在渾身的毛孔中
呼吸著閃亮著
突然，四肢展翅
飛向無極

活著

彷彿一尾雪亮的魚

泅入肌膚
一種莫名的刺痛
犁過騷動起來的
柔情

總是在等待
默默地懷孕
曲折的情節
蜿蜒過歲月恍惚的
歡顏

最後沉重地落下來
一只蘋果般
無法抗拒宿命的引力
是成熟
也是墜落
一聲

驚起黑夜的愕然

斷翼之蝶

齧破夢繭後
原以為可以羽化成蝶
讓美麗的身影
遍撒黛綠年華

然而早熟的悲哀
在金錢的催動下
隨著採陰補陽的謠言
四處流竄

唯因禁多年的恨意
仍不時從黑暗中窺探明天
祕密釀造一些紅塵的愛
解饞也解嘲

連水淼作品

連水淼，一九四九年七月廿一日生於基隆，祖籍福建廈門，政大企業經理進修班及高級班結業，美國世界文化藝術學院、榮譽文學博士。著有詩集：《異樣的眼睛》、《生命的樹》、《台北‧台北》、《陽明花開》、《春風拂百花》及黎明文化出版公司出版《連水淼自選集》，屏東文化中心出版《在否定之後》等詩集。曾獲：海軍第一屆文藝金錨獎、海軍六十一年度文藝工作績優獎、全國優秀青年詩人獎、新聞局「十年好歌大家唱」優良創作獎（得獎作品：李恕權成名曲：迴），自一九七五年創辦連勝影視公司迄今二十餘年。

知天命

差一小步　就是
知天命之年
時間喲　你跑吧
我不會停止追逐
空間喲　你轉吧
我不會停止翻滾

天以百兇　我以百忍
我忍住氣　看廣告主霸道的懦弱
我忍住淚　看是非成敗流過基隆河
我忍住汗　看熱過頭的人們昏昏喘息
視力尚未老化
兩鬢下雪啦！

兒女初長了翅膀　開始單飛

太平洋的天空
　更需要海來慰藉
我忙得無暇轉回紐西蘭
　把壁爐熄火　把大門上鎖
台灣老家的炎陽哦
　把我抱得好緊喲
抬回一堆心愛的書籍
心　落定老舊的辦公桌
見山還是山　見水還是水
與老哥並立　同時吐煙
冒出一幅對聯——
凡落葉必歸根
凡圓覺必歸中

生命

點一根煙　瀟灑一番吐納
唇的語言　讓手來訴説
　彈一下煙灰　再
猛力一吸　又生產一堆煙灰
　放逐一個遐思
又追回一個遐思
　眼勢順著廣告滑下來
首先是嬰兒的奶瓶　紙尿褲
接著是玩具王國　童話故事
然後是連環漫畫　音樂教室
少女的內衣亭亭　青春痘的挑逗
　少年騎士捕風追影
把豪情在濺起的水花中顧盼
　然後是套頭的領帶　圍著
　糾纏不清的婚紗戒指
　接著是半黑半白的髮下
一手拿計算機　一手想刷信用卡

左邊是除紋霜　乳液　保養劑
右邊是染髮劑　生髮水　鈣片
最下端睡著的是
高爾夫球桿背後
靜靜躺著的
墓園

可以再點一根煙　但
棺木之內一支發黃的玉鐲
再也套不牢枯萎的掌
鮮花在晚風中飄泊
煙蒂鏘然一聲
叩醒地心

下午茶

每個人都有一段
被壓抑了好久好久的話
留在下午
到斗室內喧嘩

乾坤在此　記憶的回音也在此
嬉鬧在此　喘息在此
舒眉在此　愁眉在此
甘甜苦澀　擱淺在此
時間一小段　空間一小塊
大家吃得很少　喝得很省
卻用滔滔的舌　鼓響
彼此難忍的寂寞

喝完了茶　說完了話
輕輕　輕輕把心事放下
把煮過的心情帶回家
烤乾　夾進日記裡
慢慢變黃變赤變黑
還原成茶的本色

許其正作品

許其正，台灣屏東縣人，一九三九年生，東吳大學法律系畢業，高雄師範大學（學院）教育研究所結業。曾任軍法官、編輯、記者、教師，並曾兼任部分文學社團理事、負責人諸職。曾獲省新聞處散文徵文第三名，國軍文藝金像獎電視劇本佳作等獎。新詩被選入中英文詩選集者廿餘首。已出版著作有新詩集《半天鳥》、《菩提心》和《南方的一顆星》，散文集《穟苗》、《綠園散記》、《綠蔭深處》、《夏蔭》、《珠串》和《走過火車站》等，其中英日法德文對照詩選集將於近期出版。

山不講話

山不講話
山就是不講話

我從遠處招呼他
他不講話
我走前去親近他
他不講話
我大聲問他
他不講話
我氣得踹了他一下
他還是不講話
我只得失望地離開他
他還是不講話

我偏著頭想

想了一下又一下
我終於想通了：
山最偉大！

我的橋

我的橋有無數座
築出去，從我的身上
從我的口、臉、四肢……

可能是一朵笑
可能是一言一語
可能是一個小小的招呼

你便能走過來
不管溪有多寬
不管河有多深

這便是我的橋
從我的身上築出去
一座，兩座，三座……

河邊傳奇

每當春日，走過那條河邊
總是發現
有這種怪事發生……

總是看見一面明鏡
總是看見那面明鏡裡
有一個少女
手舉著金梳
一次一次緩緩地
梳著她長長的秀髮
把那一頭長長的秀髮
梳成一片柳絮

尤其當風來
柳絮便不住翻風
而且，不知怎麼搞地
那金梳
總隨著一次次的梳頭
飛成一隻隻金燕

嗨，真是奇怪
每當春日，走過那條河邊
總是發現
有這種怪事發生……

金龜子

一隻金龜子
趴在一顆透紅碩大的荔枝上
聚精會神地猛吸狂吸它的汁液
想把它汁液吸乾

結果怎麼樣呢
那顆荔枝除了汁液被吸乾外
竟然很意外地被吸得
滿臉皺紋，乾癟不堪……

金龜子，啊，時間的金龜子
金龜子，啊，時間的金龜子

渡也作品

渡也，本名陳啓佑，台灣嘉義縣人，民國四十二年生。中國文學博士，現爲國立彰化師範大學國文系、所專任教授，佛光大學文學研究所兼任教授，國立中興大學中文系兼任教授。著有評論集八種，新詩集十一種，散文集四種，共二十三種。曾獲教育部青年研究著作發明獎、聯合報極短篇小說獎、中國時報敘事詩獎、中央日報百萬徵文新詩首獎、民生報兒童詩獎、全國學生文學獎、中華文學獎敘事詩首獎、中興文藝獎章、全國大學暨獨立學院教學特優教師獎、創世紀四十年詩創作獎等殊榮。新詩「竹」選入國中國文課本。

放風箏

在草地上放風箏
千古以來，不變的遊戲
尤其在起風的時候
放沒有手腳的風箏

沒有手腳
愈飛愈高
有人喝采，有人驚慌
風箏聽見嗎？
放風箏的人聽見嗎？

這千古以來，不變的遊戲
細細的線，薄薄的身子
追逐天空的風箏
是愉快？還是憂愁呢？

風愈大
飛得愈高
像一個夢
像夢嗎？

再高
就可以看到福建廣東
河南河北
可以看到嗎？

全台灣兩千萬人都在
放風箏
愈放愈高
什麼時候會斷線呢？
已不重要

拔河比賽

學生拔河比賽結束
勝利和失敗
汗水與淚
都離開操場了
空曠的操場只剩下
一條粗壯而長的繩索

有一個學生獨自留在操場
抓住繩的一端用一生的力量
拉
另一端並無對手
不知和誰拔河？
繩子無動於衷
不進，也不退

直到夕陽也回去
黑暗從四面八方圍剿操場
我遠遠看見
那個學生終於被沒有對手的那端
拉過去了
我站得遠遠的
卻有一種，被拉倒的
疼痛

讓我失明讓我死

請你向我潑硫酸
把整桶的憤怒擲向我
把學童身上所有的傷口
學童眼中無邊的黑暗
全給我
讓我失明
讓我死

請你用力向我潑硫酸
所有的淚水以及哭聲以及
最巨大的驚嚇
我願全部吞下
含在心裡
藏在生命深處

在兒童節前
用整桶的灼痛擊打我吧
讓我失明讓我死
讓螢橋國小早日遠離繃帶
遠離藥物
早日忘記兇手，啊
忘記人間的仇恨

附註：臺北螢橋國小於七十三年三月三十日發生慘案，暴徒蔡心讓以整桶硫酸潑傷四十二名無辜學童。

琹川作品

琹川，本名洪嘉君，台灣省台南縣人，一九六〇年十一月一日生，輔仁大學中文系畢業，師範大學國文研究所肄業。歷任編輯、特約作者、插花講師，現任教於國中。曾獲吳濁流文學新詩獎，全國優秀青年詩人獎，鹽份地帶文藝散文、小說佳作獎，輔仁文學散文獎。作品被選入各選輯中。著作詩集有《飲風之蝶》、《琹川詩集》；專著有《中國現代插花藝術》、《花道之美》、《格花入門》等書。

桐花節

油桐花下的孩子仰臉等待著
乘風舞落一朵朵驚歎
踩著薄金陽光
雪白裙紗旋著華爾滋的優雅
四月的新娘唷
在黛翠林間舉行盛大婚宴
多情的山揀拾一枚枚純潔的笑
悄悄夾入光陰的扉頁
好讓初夏早蟬翻覽傳唱

年年赴約的女子獨立樹下
細雪紛覆在夢想的額際
融化成河沿著葱美的髮
流過整座堅持的森林

野百合

在母親以及母親的母親身上
慣聞的熟悉芬芳
挺立於島國多舞的歷史裡
足跡沿著海濱尋向高山
在每條向陽之路
代代傳承
素淨容顏上最驕傲的黥刺
那血色條紋啊
是母性的信仰圖騰

風雨飄搖裡島國夢著百合
百合憶想著最古老的那支歌
穿梭季節的燕子來了又去
沍寒天空桎梏了希望的飛翔
乾裂大地裸袒著驕陽鞭笞的傷痕
血沿著花脈滴入了泥土
默默滋養著不死的球根
等待自命運的掌中爭回春天
聖潔之花在母親的島上開遍

鬱金之凋

綻放的過程總在一只杯中
謹慎地護守優雅頌詞
微啟的唇欲言又止
私釀的夢杯裡暗自翻騰
直至挺直的莖頸累了
傾倚的自在成就了美的曲度
掙脫宿命之杯綻放的容顏啊
每一片酡紅的花瓣在解構前
競化成美麗的羽翅
實現一生最想望的飛姿

我終於聞到了鬱金之香
在醒轉的晨光中
一彎彎微笑紛然謝落
仍幽吐著恣情展放後的芳馨
我終於聽到了自由的歌聲
在時間的盡頭，停駐
曲莖上最後一彎花瓣如舟
解纜的靈魂已然四處飄流

雨

千萬支縫針
忙碌地穿繡風景
一隻鳥看著　睡著了
醒來時發現早已收工
而風景依舊
試圖尋找針痕的鳥
逐漸飛出風景之外

黑蝶之舞

凝神秋分風秒中
聽鐘聲波波如水
如水幻化的光影裡
黑色的蝶靜靜地翔飛
翔飛於雪色的野薑花叢間
芬芳逸成天地悠遠的體味

化身花　化身蝶
原本是花　原本是蝶
站在生命的最初曠野
呼喚的眸穿越繽紛落葉
巨大回音裡夢般旋迴
雪色容顏之上黑色的蝶影

喬林作品

喬林，本名周瑞麟，基隆人，一九四三年三月十一日生。現居台北。公營工程機構工程司。曾爲笠詩社同仁，一九七一年與林煥彰、施善繼等籌組龍族詩社，之後被派往他國工作近一年。最近重新加入笠詩社。獲首居優秀青年詩人獎。

喬林是一位具有敏銳觀察力的詩人。他的詩的語言乾淨俐落，富現代知性，寓意深遠。在看似簡單、冷歛的語言裡，蘊藏著豐富的意義。自《基督的臉》出版後，喬林已然建立起自己獨特的風格。著作有詩集《基督的臉》、《狩獵》等書。

戰士墓園

一片戰士碑林
驟雨才下
喊殺之聲便崛地而起

好像屍骨就要衝上來

我們都戴眼鏡

我們都戴眼鏡
而且愈戴愈深
因為這世界實在模糊
明明是是　竟會變成非
明明是非　竟會變成是

世事實在難讀

雖然字面未變
字義卻變得令人糊塗
有錢的人　把非說成是
有勢的人　把是說成非

我們都戴眼鏡
而且愈戴愈深
只想確確實實的了解
什麼是是　什麼又是非
可是愈看　愈看不清楚

對鏡

我終於明白了
你活在鏡片裡
我活在空氣中
因此
你老了
滿臉皺紋
我沒老
油頭滑面

台北的空間

台北的空間
擠滿灰塵
忙慌中
有的飛揚
有的跌落

？哪一顆灰塵是人的臉給縮小了的
？哪一張人的臉是灰塵給放大了的

焦桐作品

一九五六年出生於高雄市，中國文化大學藝術研究所畢業，輔仁大學比較文學研究所博士班肄業，已出版著作包括詩集《蕨草》、《咆哮都市》、《失眠曲》，散文《我邂逅了一條毛毛蟲》、《最後的圓舞場》、《在世界的邊緣》，童話《烏鴉鳳蝶阿青的旅程》，論述《台灣戰後初期的戲劇》，作品曾獲時報文學獎敘事詩優等獎、聯合報文學獎報導文學首獎等等，現任中國時報人間副刊執行副主任。

往事

影子般潛伏過來了

聲音的黑手黨
追蹤
野貓的黑影躍過矮籬
陽台有風欺壓微懼的窗玻璃
腳步在樓梯間失蹤
我聽見分針昏昏欲睡地
和秒針竊竊私語
壁虎虎視侵入的樹影
群鼠在腦部的天花板頂撞
隱晦地探出
退入冥想的洞穴
誰在門外輕咳

誰
是誰在耳朵的鎖孔裡轉動鑰匙
往事影子般潛伏過來了

數字

已經習慣這樣反覆地數著數字
*0*追趕著*1*
*1*追趕著*2*
一直數到三百萬
每一個數字到最後
都嚴重貶值
變成倉皇的循環小數
我看到缺乏自信的*1*
略帶感傷
被身後的*0*苦苦追趕
在茫茫的數目中不知去向

遠足

一切都在路途上流浪
汽笛離開港口
鐘聲離開教室
花穗離開鳳凰木
眼睛離開課本
皮鞋離開家
我故意迷路了
攜帶水壺和巧克力糖
離開我自己
走到世界的邊境
再回頭已不見同伴們的身影
那是一條遠得發亮的路
風離開群山

彩霞離開了天空

茉莉花遺事

外婆的肩上常挑著水桶
髮髻盛開茉莉花
從背後也看得到笑容
彷彿又是一個薄霧如夢的清晨
我的童年跟蹤花香
花香尾隨她走到菜園

我常常用思念來耕種
畫面上破損的菜園
那株外婆手植的茉莉花
被光陰侵蝕了幾個洞
當年的花香迷了路
很久很久才走進我中年的夢境

裝潢

剩下來的日子想重新裝潢
我的夢境油漆未乾
一個名字
猝不及防地閃進
踐踏夢醒時的眼睛

晶晶作品

晶晶，本名劉自亮，河南省羅山縣人，一九三二年生，浙江杭州女中畢業。服務軍職廿餘年，現已退休。愛好文藝，尤喜新詩，認爲詩有濃縮的意象，凝鍊的語言，深遠的意境，讀詩、寫詩都用感覺，直覺而且主觀。現爲三月詩會同仁，中華民國新詩學會監事，著有詩集《星語》及《曾經擁有》等。

合十

合十
無聲之禱
虔誠從指尖升起
溝通天地人
三度以外的空間

雲之下　水之上
有千斛丘壑
夢之內　詩之中
有千重心結
唯這一隅方寸
身置大千　神遊虛境
容我思　容我憩　容我
追尋生命漸行漸深的
覺醒

合十

鎖閉一方隱祕的天地
於物之外　心之間
收藏一段漏失的生命

曾經擁有

雙臂高舉　支舉成臨空之姿
你是舒展在山崖水湄的長卷
千索低垂　垂懸在碧波之上
你是搖曳在濃蔭深處的鞦韆
結廬於斯　結緣於斯
你溫柔的擺盪
乃靈犀瞬間穿透的感動
你生我的夢中引渡
渡愛恨　渡寒暑
渡痴迷的蜂蝶　憔悴的斯人
把翩翩裙裾渡成蒼蒼華髮
把如夢情懷渡成水月空靈
我在你的渡中尋覓
尋山外青山　樓上瓊樓
尋彼岸的煙波　此岸的風雲
一行足印踩成一首詩篇
一簾夢影揮成一串禪音
相守半生　相知半生
你的風姿懸掛成我心上的圖騰
玉間滄桑　不計晨昏
銘刻曾經的擁有
期待你如蛹化蝶的新生

古蹟

一堆廢墟　一坏荒塚
一塊殘碑　一座破廟
在夕陽寒風中佇立
一些陳年舊事
一段淹沒情懷
在枯寂曠野中默默搬演

傾吐各自的滄桑
等待憑弔　等待詠嘆

蹲踞在古老東方的
那尊巨大的古蹟
只因珍藏著點點滴滴
渺小的組合
才成就了泱泱氣象
升起了亮麗圖騰

儘管
旗幟一面面換
年號一遍遍改
你恆以嚴肅而慎重的心意
等待認知　等待延伸

浪子

衆說紛紜的那一刻
恍如逆風而來
我的思維渴求攀爬
升高或塌陷成奧秘的獨白

諸多的意象熙熙攘攘
在空與白的地帶闖蕩
把語言撞成碎片　然後
稀釋、解構、抽象、重塑……
而文字的解讀能力太差
無論在同溫層、逆溫層或對流層中
都理不出恰當的心意

落籍於超現實、後現代的部落
一如櫥窗裡的傑作
存在、弔詭卻流行
沒有所謂的遊戲規則
也不必詮釋　更不在乎
回不回頭

游 喚作品

游喚，本名游志誠，一九五六年生，祖籍福建南靖縣，現任彰化師範大學國文系所專任教授。講授新文藝及文學批評。曾獲教育部青年學術著作獎、國科會代表甲等獎、及新聞局重要學術著作獎助等。出版著作主要有《政治小說策略及其解讀》、《文學批評的實踐與反思》、《現代文學精選》。

人體四卦

口䷚

吃下流言是一種肥
肥而吉　　吉而真
丟掉你的靈龜吧
兩腮堆起了山雲
動到齒到背
帶一個信號
匿名的肥

鼻䷼

守信的魚
繼續來到大河
左道吸入鶴聲
右孔吐出酒氣

打敗的滋味用泡沫説
丟失了馬不算什麼
可曾嗅到登天的危險

目

看透了你巔倒天地的妄想
看透了你小出大進的吉
看透了你紙包草的無
看透了你寫黑函的福
看透了你優良鄰居的醜
看透了你的城以及
看透了你的命

耳

忘了吧很簡單只有一江水
忘了吧很容易只要一身火
濕了尾巴也算一種過去
聲音隔於外

婦人遺失了頭巾
更快樂於濕頭濕首了
小人不要用

曾美玲作品

曾美玲，台灣省雲林縣人。一九六〇年生。師大英語系畢業。著有詩集《船歌》。曾獲師大新詩比賽優選、童詩比賽優選，以及八十四年度優秀青年詩人獎。寫詩，是對自己靈魂的救贖，對宇宙萬事萬物重新作更深刻透澈的觀照。希望以一顆柔軟的心，一枝眞誠的筆，持續創作。直到生命的盡頭。

木棉樹

站在早春的街道
東張西望，一株
焦灼的
木棉樹

穿透灰暗的
水泥叢林
我聽見群花
朵朵
爆裂……

撥開雲層
輕輕喊醒
囚禁的
陽光

油菜花

光禿禿的大地
成群結隊的
油菜花
像天真爛漫的學童
牽著彼此
嫩黃的小手

在冬日午後的
操場裡
笑嘻嘻的
遊戲

豬心

病中

母親從肉攤
買回一顆
暗紅的豬心
以慢火燉煮
整鍋滋補的愛
一口接一口
餵我進食
那是三十年前舊事

今晨從超市買回
一顆暗紅的豬心
端上滿鍋
熱騰騰的鄉愁
久別的往事
重新坐回桌旁
一口接一口
這回，我餵著
白髮的母親

眼眶蓄滿濃濃的
思念

遺憾

你走後陽光不告而別
黑暗乘隙入侵
隻身徘徊思念的窗口
辨不清風雨的歸程

往事拉著憂傷的調子
靜靜陪伴昏黃的歲月
將靈魂反鎖斗室
日日與寂寞枯坐

你存在分分秒秒
你隱藏星河日月
醒時捕捉那飄忽的背影
夢裡呼吸這真實的容顏

幸福是隻過境的候鳥
歡樂從此遠行，你走後
遺憾如影相隨
共枕淒涼月色……

曾美霞作品

曾美霞，一九五〇年生，台灣高雄人，台北市立師範學院畢業。著有詩集《山動了》、短篇小説集《出軌》、長篇小説集《翩翩飛翔》、散文集《波女與息女》。詩觀爲：夕陽不會爲了人們的鼓掌叫好而多停留一下，詩人又豈能爲了人們的喝采而創作？當愁苦心靈面對悠悠時空，陡然跳出困境的牢籠，讓魂魄飛翔於蒼穹，與天地共振共鳴，這才是詩人的眞性至情。

靜夜思青蓮居士

搜遍了腸　絞盡了腦
白箋依舊只有縱橫的線格
阡陌交織的方嘴方齒
直直的冷冷的　似笑非笑
枯竭的胸懷無情無緒
乾涸的眼眶無淚無水
風兒停歇　星兒遁逃
深濃的夜色摒棄了專注的凝視
霎靆的朦朧游走於千年的盟約
一支青蓮如箭　射穿時空
如殞石撞擊　我心深處
汩汩的　汩汩的鮮血流淌
潑染朵朵紅蓮　箋上紅蓮朵朵
舉頭望　床前明月微微笑
低頭思　疑是故鄉在唐朝

迪化街

新人類有了新文化
喜新厭舊有了新義
只要曾經擁有　不必天長地久
孤獨的　信奉從一而終的
於是成了老處女

青春的餘燼在內心燃燒
照不亮方向　溫不暖冷漠
微光中攬鏡自照
彩妝退去　年華已逝
淡忘之後不復記憶　記憶不復

用生命的精華護持火燄
期待你的熱情爆燃烈火
暗黑的灰燼是深沉的等
飄搖的火花是卑微的渴

新新人類有了新新文化
任性和隨便有了新新定義
只要我喜歡　有什麼不可以
驕傲的　堅守最後貞操的
註定成了老處女
台北　最後的老處女

桂冠&桂冠

無數嘔心的詩篇
換取了桂冠　一頂榮耀
得意　享譽在國際　文壇
字字珠璣　慰藉匱乏的人心

幾枚輕薄的小錢
換取了桂冠　一項品牌

隨意　冷藏在國際　冰箱
粒粒可口　滿足轆轆的饑腸

人哪　靈啊　慾啊
你有的　你要的　是什麼桂冠

貓等待

貓等待　當牠喝不到牛奶
牠等待有人開瓶蓋
好舔那牛奶
我等待　當我得不到我的愛
我等待有人被淘汰
好親近我的愛

貓忍耐　若牠得不到關懷
貓忍耐主人的不睬
直到主人發現牠的乖
我忍耐　若我得不到青徠
我忍耐愛人的責怪
直到愛人明白我的深情如海

貓以優雅睿智的自在
等待時間的　空白
我以年華老去的慷慨
等待生命的　澎湃

黃龍泉作品

黃龍泉，福建省金門縣人，民國四十一年三月廿八日生。國立屏東師院初等教育系畢業。國立屏東師院國民教育研究所進修。歷任教師、主任及校長廿六年。現任高雄縣六龜鄉國民小學校長。民國七十年榮獲全國優秀青年詩人獎。著有：《森林之旅》、《國小兒童語文應用上常見之錯誤研究》、《國民小學訓導工作淺談》、《問題行爲兒童的輔導及從各國在職進修教育的比較談我國發展以職業教育爲主的國民教育》等書。

望春

詩詩，到春天
陽光是妳嫵媚的金波
落在我心上，靜靜的

詩詩，到春天
和風是妳盈嫩的手臂
挽在我肩上，輕輕的

詩詩，到春天
鳥語是妳嬌嗔的笑聲
黏在我耳上，幽幽的

詩詩，到春天
花香是妳彩蝶的臉頰
舞在我唇上，柔柔的

詩詩，到春天
雨露是妳浪花的酒渦
波在我身上，茸茸的

詩詩，到春天
流水是妳柳絲的長髮
枕在我脈上，婉婉的

月的心事

突然，天空雷怒
莫非是，木棉花
火焰般賁張的情懷
把月碰醒

花醒　花舞　花眠
千年後，過了冬
依是暖渥渥的春天
茶醇酒郁彩虹常駐
允我新歌

月落星稀
花事了
明早，酒殘茶冷
仍舊璀璨的是，那
木棉花的心事

火之存在

山一樣
松在雲中狩候
風月的出入
千層浪濤蹈紅紅的鞋聲
悄悄擁松　而立
綠綠的心懷

海一樣
竹在綠波明媚
雪花的遺落
萬疋笑囂叩冷冷的微光
月夜　震落披滿風霜的並肩
松果還在為秋天狂歡

雪一樣
梅在風景盤據
鞋聲的羽化
一旦松果伸長長的翅膀
山水　都山水過了
火不知向何方引取

鄉愁

今夜啊，今夜
就將搭上那張歸帆，更是懷念
臂彎
我不如將愁緒吞吐為詩意的浪花
引酒舉杯
苦澀的鄉音竟覓來
如此美麗的天空
翱翔

或我即就回家
情更怯
酒未沾唇
眼已蹣跚
想是長又長的暖又暖的，臂彎
受孕了

且伸向我
能說不是詩？

楊　平作品

楊平，祖籍河南，一九五七年生於台灣台北。曾獲多項重要詩獎，目前爲雙子星人文詩刊總編，創世紀詩刊社編委。自一九八五年起已在兩岸出版《空山靈雨》、《年輕感覺》、《我孤伶的站在世界邊緣》、《三地交響》、《雲遊四海》等多部詩集。詩觀爲：早期風格以「新古典」的山水田園詩爲主，後來走向偏「後現代」的都市掃瞄，近年來從人文角度觀照大地，部份作品以禪入詩，認爲詩像空氣一樣是生活的一部份，只要有心，每個人都是詩人，舉手抬足皆是詩，無論主旨題材內涵爲何，只要發自眞情，從人類的命運到風花雪月，一點一滴皆可入詩。

雲的心情

雲的心情每每是
浪子的心情。
孤獨的你從一座城市消失
自另一處流域出現
千百個日夜隨風飄逝
……長空裡的一聲雁叫
總是
啊　悽厲得令人哀禱……

迷遊的生涯久了
你年輕的面容日漸凝重
幽靈似的背影墮落在記憶盡頭
悲傷的情歌漸漸沒人唱了
泛白的藍條斜紋褲卻和冬日的第一場雪那
麼冷！

信仰，以及崩潰
飽滿，又頹然的空虛
……沒有了激情
……也徐徐冰冷的失去了夢中彩虹
叛離了社會本體以後
無邊大地剩下的，一如
森林裡的苦行者
從零開始的理念
莫非
也別無選擇的回歸茫茫宇宙？
在大塊玉米田間眺望
壯美濃烈的落日
（如慢動作的殉美儀式）
以及月昇，月沒
西西佛的輪迴和悲涼宿命啊
億萬年來
……當你瞬間覺醒

浪子的心情
每每是雲
渴望著撕裂而終於幻滅的
心情

巴黎哀歌

——一九九六・秋

市郊的風吹不進塞納河的左岸
千年堆砌的美麗
除了香水　秋裝　街頭雕像　和窗外的花壇
巴黎，不再是一則神話
羅浮宮是古代的
協和廣場是血染的
露天咖啡屋是偽浪漫的
多雲的天空是印象派的

沙特死了，*BB*老了
還有誰住在這裡？
誰還用煥發的才情打造這座城市？
香榭里舍大道上的凱旋門
日日見證著　帝王的
光榮，人類的愚蠢
陽光　美酒　愛情　與半自閉症
驕傲的法蘭西民族啊
只有金髮　濃妝的鬆餅女郎
對觀光客是可口的

今夜，隨著一城的鴿子回巢
聖母院的鐘聲準時響起
衆神——就位
鐵塔無言。
寂寞的你
一如昔日的閣樓藝術家
獨自消受著無以消受的
　寂寞

酸奶
肥皂劇……

在樹下

紛擾的紅塵
徐徐沉澱於一顆心底凝定。

不久，肢體成為樹的一部份。

木葉沙沙的摩擦空氣而後穿透了
陽光　草地　我

浸浴中
儀式化成了慶典
萬物愉悅的與天籟契合

楊濤作品

楊濤，筆名海歌、寒江雪、易文、歐陽虹等。一九三〇年出生，安徽省亳州人。曾任教師、編輯、中國文協南部分會理事長、高雄市青溪文藝學會理事長、文建會文藝創作班講師。現任葫蘆出版社總編輯、高雄市中國書法學會顧問、高雄市文藝協會理事。著作有詩集《海歌》、《姐妹潭》兩種，歌詞選集《春在港都》一種；另著有短篇小說一種，歷史小說五種，電影劇本三種，電視劇本八種，舞台劇本四種，藝術評論三種，其他二種等，合計二十八種。

登樓

——詩人節獨白

雖已不是強說愁年紀，
樓
還是要登的；
縱然臺非銅雀，
　廊無響屧，
高難摘星；
只江山畫中，
雲煙萬里；
心舟長纜，
總繫中原。
打從屈子沉江，
　謫仙撈月不起；
萬古詩魂啊——
惟託岳武穆的喟嘆，

文信國的長歌，
　延平郡王的，
一腔浩氣。
　釀成東海流霞，
傳遞一炬不滅的聖火。
我雖落拓，
　塵霜滿面，
採菊
　苦無田園，
惱煞三更杜宇！
醉掃鐵衣，慷慨
揚鞭，
只有燕趙，
　只有龍吟三尺，
　　一劍霜寒。

港都潑墨

朝陽以
金色的信仰為您加冠，
春風風您四季；
大煉鋼爐是您火熱的心臟，
一百三十萬雙手，
　為您編織美麗的明天。
煙囪伸出碩大無朋的長臂，
在白雲上寫出
　港都的名字；
巨鯨張開大嘴，
　一口吞進萬國樓船。
您豪邁地笑了！
　笑沉旗津渡頭的落日，
　笑來了內惟山腰的
一行白鷺；
披散著長髮的椰子姑娘，
招引歸航漁郎，
永不知疲地演唱一首，
熱情的歌。

當煙攏浮圖，
　月照蓮潭，
霓虹燈映成倒掛的銀河；
壽山默默睡了，
　睡在西子灣的懷抱裡，
擁萬頃太平洋風濤
　入夢。

佛光山踏月

——一九八二年十二月廿五日，文藝作家於佛光山雅聚，晚會後部分文友有踏月之行，故以詩誌之。

集騷人墨客
　鶴髮紅顏輝映，
綴一串豬鳴、馬嘶
　　口技、絃歌於佛地，
笑彎了一鉤山月；
夜未央，
山門已閉，但
雅興未戢，
那管雨說：「行不得也」，
　風說：「已涼天氣」；
乘橐橐履聲，
披一身淒迷夜色而去。
怎奈
麻竹園（註一）的柴扉已扃，
　品茗無處，
或曰：難得四虎（註二）同行，
　　寧肯以酒當茶，
　　　不醉勿歸。而
山林默然，
　泉溪默然，
僧剎梵唄亦默然。

註一：山中茶座。
註二：朱西寧、尼洛、楚卿、李鳳行四人同年皆屬虎，故謔稱「四虎」。

楊允達作品

楊允達，六十四歲，北平市人，台大歷史系學士，政大新聞研究所碩士，法國國立巴黎大學文學博士。歷任中央通訊社記者、駐東非衣索比亞特派員、駐巴黎特派員、美聯社駐華特派員、輔仁大學新聞系教授、政戰學校新聞研究所教授，服務新聞界三十餘年，足跡遍歐、美、亞、非四大州四十餘國。現任中央社駐日內瓦特派員。著有《又來的時候》（與逯耀東博士、張伯敏先生合著）、《允達詩選》、《衣索比亞風情畫》、《巴黎夢華錄》、《巴黎摘星集》、《採虹集》、《西行采風誌》、《李金髮評傳》、《一罈酒》及《異鄉人吟》等散文集及詩集十本。

鳥我她

一隻海鷗
從我頭頂飛過
牠看了我一眼
飛向遼闊的海洋

牠在我眼中
是一隻鳥，衆鷗之一
而我在牠眼中
或許是一個人，衆人之一

又一隻海鷗
從她的頭頂飛過
以優美的滑姿
展翅掠過她的頭頂

她對我說
下輩子要作一隻海鷗
她是要飛的
飛得高，飛得遠，飛得美

我對自己說
下輩子也作一隻海鷗
跟她比翼，飛向藍天，飛向大海
而且還是作一隻雄的

窗外

小樓窗外的風景是美麗的
有一座山，一片雲。

雲繞著山游來浮去，
每天忙著裝扮這一座山。

清晨，雲停在山巔，
為她戴上一頂闊沿遮陽帽。

午後，雲佇候山邊，
為她搭了一條雪白的披肩。

黃昏，雲走下山坡，
為她繫著一件下廚的圍裙。

小樓的窗，天天框住
一幅美麗而隨時間變化的畫。

抱孫子

抱著兒子的兒子
真切地感覺到
我有了孫子
已經是祖父了

抱孫子的感覺
像抱著滿懷陽光
做祖父的感覺
像枝葉繁茂的樹

從他的眼睛裡
我看到我的兒子
從我的眼睛裡
他看到他的爸爸

他不會說話
也不用說話
我瞭解他
我認識我

雖然他僅有兩個月大
儘管我年居六十有三

祖孫之間
沒有代溝

他喜歡伏在我的肩上
睡覺、做夢
就像二十八年前
他的爸爸一個模樣

我抱著孫子
抱住滿懷陽光
孫子摟著我
攀住一棵大樹

楊雨河作品

楊雨河，祖籍山西，誕於豫賓，先祖自五胡亂華，由洪洞奉欽中原，清順治四年遷郟又移父城，至尊嚴潮海公爲第九世，世代書香門第，第十世乃吾不逢辰，從軍抵台，近半世紀，少校解甲、台東成家，轉業新聞界，期間成立書法、藝文三會爲會長，著作有詩、小説、散文等四集，愛寫詩，一九八六年曾獲「國際詩學哲士」、台灣省詩人節表揚。詩觀嗎？詩人就是詩人，姓「楊」詩作不「洋」。起碼很中國風格！不致於「羅生門」之類詩人！

夢（散文詩）

夢是夢非夢　夢非夢是夢　夢不可思議
夢現在的人生之夢　是願望　願望往往是失望的
夢未來的人生之夢　是理想　理想常常不實現的
夢過去的人生之夢　是回憶　回憶非懷念
夢之世界無時無空無果無因
當然不莊周　更無周公了　怎會南柯黃粱
説人自私　天地無私　生命有私　夢是天下為公的嗎
那風用叵測作何詮釋
天星日月曾經入我夢裡　夢裡無分天崇地微　亦春亦秋
海洋江河曾經入我夢　夢裡無何恒暫短長

有冷有暑
這歲月夢「歲歲月月」花花相似　葉葉相似
這年節夢「年年節節」人人不同　時時不同
夢過去的夢　徒勞睡眠也
夢未來的夢　該是美麗的壯懷圖
夢現在的夢　當然正確
夢是夢非夢　人總要有夢　夢裡的小說和
散文詩都很美

註：南柯、黃梁皆指爲夢。

何必一枝春綠

秋天的現在，我才回你三年前春天過去
那夏天的信
冬天是未來，我知道未來總是會到來　到
來的未來　是不是等於未來
你問我有什麼理由不必有什麼理由
三年前人有幾個三年前呢　就是說說矣矣
天下有秋菊黃又何必一葉落一枝春綠
燕同雁嗎東和冬嗎　禽鳥同飛季節有別
西子灣的夕陽哭泣著舒伯特不是畢卡索
這是人的錯覺我總該是人吧
從孤獨國走出來用苦口咬啣著還魂草
草原上怎會有「人面桃花」崔護那首七絕
詩呢

註：「人面桃花」絕詩作者詩人崔護，孤潔寡合，美近潘安，清明節獨自踏青，經過都城外郭，發現莊居之户，桃花林繞宅，因口渴，叩門求飲、有少女啓門、問姓名相悦，以茗敬奉，情意甚馨，告別時崔護道：來歲清明再至。不遇難尋，由於門扃鎖，故題詩左扉，「去年今日此門中，人面桃花相映紅，人面祇今何處去，桃花依舊笑春風。」難已！次日又至，女父言女因詩而死，護入祝禱，女復活，遂歸之。

楊華銘作品

楊華銘，浙江黃岩人，一九三三年生，高等文官考試及外交官特考及格，美國羅耀拉大學研究，曾任職總統府及駐芝加哥領事，著有詩集《聽聽那聲音》及譯作多種，現為「海鷗詩社」及「乾坤詩社」社務委員。

岳王墳

是誰的主意？葬一代斷頭名將父子
於此粉桃萬朵綠柳千條的西子湖濱
是嫌湖面太靜，要引來風波？
是愁景色太柔，要添些煞氣？

這兒只合白素貞與許仙在斷橋傳情
　只合范蠡擁夷光在湖上泛舟
　只合東坡邀詩友琴妓在荷池吟弄
　只合林和靖偕梅妻鶴子在孤山歸隱
在此地長嘯，高唱滿江紅、東方紅
總覺與一泓清波，不相和調
在此談是非、說平反、論千秋功罪
總覺使朵朵白蓮，蒙塵沾污

人間幾度更換，世事一再反復

曹操的忠與奸，迄無定論
秦皇的功與過，人言人殊
昨登凌煙閣今為階下囚，比比皆是
報國而能全身者，古今少有
究竟誰是受害人，誰來判決？
岳飛是英雄，只合沙場戰死
若非秦檜奉命議和，上司要清除雜音(註)
也不過像我當年熟識的那些戰友一樣
千萬被犧牲陣亡將士中的一員
也不過是無定河邊多一堆白骨
何來千古不朽的岳武穆

註：岳飛曾作「小重山」詞，非議和談，有「欲將心事付瑤琴，知音少，弦斷有誰聽」牢騷之句。

四天的情

——談「麥迪遜之橋」

四天纏綿，半生悵惘
攝魂的浪子
駕著雪佛蘭小卡車
來，是一陣擋不住的風
去，是一團散不開的霧

四天繾綣，一世牽掛
最後的牛仔
騎著慧星的尾巴
動，是一頭雄豹
靜，是一隻優雅的長頸鹿

四天熱戀，千載銷魂
飄泊的詩人
追憶床笫間誦里爾克的詩
傷心橋下春波綠
香杉橋頭秋葉黃（註）

四天的情，發生在一九六五
而現在是一九九七
後現代人的愛情，早已
不在長久，只在曾經擁有
不要相守，只要慧星一閃
　和一次銀瓶乍破

一個最後的書生
在憶兆光年中的一瞬
灑下了千年之淚

註：「傷心橋下春波綠」是陸游的詩句，「秋葉」Autumn leaves是故事中男主角最喜愛的一首五十年代的老歌。

瘂弦作品

瘂弦，本名王慶麟，河南南陽人，美國威斯康辛大學東亞研究所碩士。曾任幼獅文化公司期刊部總編輯、華欣文化公司總編輯、靜宜大學副教授。現任聯合報副總編輯、聯合文學雜誌社長、創世紀詩刊發行人。曾獲青年文藝獎、香港好望角詩獎、藍星詩獎、全國十大傑出青年金手獎、副刊主編金鼎獎。著有詩集《瘂弦詩抄》、《深淵》，評論集《中國新詩研究》等。

秋歌

——給暖暖

落葉完成了最後的顫抖
荻花在湖沼的藍睛裡消失
七月的砧聲遠了
暖暖

雁子們也不在遼敻的秋空
寫牠們美麗的十四行了
暖暖

馬蹄留下踏殘的落花
在南國小小的山徑
歌人留下破碎的琴韻
在北方幽幽的寺院

秋天，秋天甚麼也沒留下
只留下一個暖暖

只留下一個暖暖
一切便都留下了

紅玉米

宣統那年的風吹著
吹著那串紅玉米

它就在屋簷下
掛著
好像整個北方
整個北方的憂鬱
都掛在那兒

猶似一些逃學的下午
雪使私塾先生的戒尺冷了
表姊的驢兒就拴在桑樹下面

猶似嗩吶吹起
道士們喃喃著
祖父的亡靈到京城去還沒有回來

猶似叫哥哥的葫蘆兒藏在棉袍裡
一點點淒涼，一點點溫暖
以及銅環滾過崗子
遙見外婆家的蕎麥田
便哭了

就是那種紅玉米
掛著，久久地
在屋簷底下
宣統那年的風吹著

你們永不懂得
那樣的紅玉米
它掛在那兒的姿態
和它的顏色
我底南方出生的女兒也不懂得
凡爾哈崙也不懂得

猶似現在
我已老邁
在記憶的屋簷下
紅玉米掛著
一九五八年的風吹著
紅玉米掛著

上校

那純粹是是另一種玫瑰
自火焰中誕生
在蕎麥田裡他們遇見最大的會戰
而他的一條腿訣別於一九四三年

他曾聽到過歷史和笑

甚麼是不朽呢

咳嗽藥刮臉刀上月房租如此等等
而在妻的縫紉機的零星戰鬥下
他覺得唯一能俘虜他的
便是太陽

流星

提著琉璃宮燈的嬪妃們
幽幽地涉過天河
一個名叫彗的姑娘
呀的一聲滑倒了

落蒂作品

楊顯榮，筆名落蒂，台灣省嘉義縣人，民國三十三年生，國立高雄師大英語系畢業，國立台灣師大英語研究所暑期班結業，現任省立北港高中教師。著有詩集《煙雲》、《春之彌陀寺》，散文集《愛之夢》，詩評集《中學新詩選讀—青青草原》。尚未結集散文，擬以《山澗的水聲》出版。評論集擬以《讀星樓談詩》、《落蒂詩論集》等結集出版。曾獲中華民國新詩學會「優秀青年詩人獎」。曾應邀參加第十五屆世界詩人大會。

在遠遠的地方看你

在遠遠的地方看你，月像
旋落的大地，山在遠退，
水在逍逝，一枝孤零零的
梧桐，就立在
印滿往事的海崖上

想著那該是多淒美的故事
你就立在河的那岸
有人溺斃了，衆人喧騰
你仍遠遠的立在
屬於我小小的方寸的土地上，冷冷地

你立在那裡，冷冷的拿著雕刀
冷冷的雕著我誠摯的心
一刀一血痕，而流下的
竟是毫無章法的

詩句

在遠遠的地方看你，你就
像月，像星，像河的那岸
虛無飄渺的影像

夜歌

驚起一陣寒鴉
我們的笑聲
在夜色裡
不斷的和著逆向的海風
打著節拍

我們把儒衫
掛在臨海的斷岸
我們的軀體
恍如潔白的月色
海濤一直
歌詠著原始的美

鐘聲
在濱海的寺廟
我們自己反覆誦讀
剛寫完的歌

夜也唱了起來，淒然地
這不是盛唐
我們清楚的知道

這不是盛唐
我們必須堅持
孤獨的唱

夜歌　驚起一群山鳥
人們　好夢正酣
我們必須堅持

呈給明月

鐘聲
冷冷地
在海邊

一望無盡的田野，以及
荒涼的沙灘
立著
一間破舊的紅瓦厝

（幾隻鴿子
漫不經心的盤旋）。

或許亙古以來
就有隱居的哲人
將一顆心
呈給明月審視

你若謂我在此養著幾隻
閒散的鴿子，而有微言
我亦不想置辯
容或心的天空
廣漠得難以容納
我的激情

如果我們在山野採桑
而能獨見晨曦和夕陽
何必在
萬花競妍的庭園
再開一朵玫瑰

在這荒涼的溪畔
在這破舊的瓦房
我讓我養的鴿子
飛上藍天
寫出我的心情

楚 楚作品

楚楚，本名宋石松，民國五十三年十月二十一日出生，空軍通校專科畢業。現職中油技術員。曾爲「曼陀羅詩社」、「台北詩壇俱樂部」同仁。作品散見於《秋水》、《大海洋》、《藍星》、《創世紀》、《台時》、《中華》、《青年》、《中央》、《世界論壇報》等報刊。詩觀爲：詩是詩人心靈世界最忠實記錄。自由是詩的精神，理性是詩情操。詩要感性，人要性感，詩與人才能合而爲一。詩人因詩而活，但不因詩而富。詩是一種人性的表現，也是詩人最珍貴的財產。一首好詩，除了要能感動讀者，更要感動自己。

星窗夜語

*1.*守候在窗簾深掩的春帷

曙光終於出現了，
摘星的人手持玫瑰款步迎向乍現的彩虹……。

*2.*傾聽時間奔流的聲音

為了盜墓人
叮叮的伐木聲
那隻數羊的貓兒
徹夜難眠

*3.*或者，忠實記錄影子的形象

揭開
一層，

又一層
偽裝人性的面具，
讓你看得更清楚
鏡子裡真實的容顏，以及
經過刻意修飾與包裝的
乾燥花般的愛情

4.倏然，對生命充滿了感動

寫完最後一首詩
悄悄自無星的暗夜中撤離，
（不帶走一句友人的祝福）
倏然想起詩中將帶給人們的感動
乃決定與孤獨的流星長眠。

5.頓悟出一種永恒的信仰

從遥遠的海邊
帶回一顆永不腐爛的貝殼

說：
　這就是我們緣訂三生的
信物。

6.與自己的影子在夢中相遇

跳過的欄栅，
我和自己的影子在過去的時空相遇……。

7.最後一首詩，完成於一九九九
　年冬季

啊！靈魂，漂泊的靈魂
沒有人知道你曾是一具失意的詩人的軀殼。

晨起，驚見一隻野兔躍過溼漉漉的草原

晨起，微雨
驚見一隻野兔
躍過溼漉漉的草原
一幅鮮活的意象
宛若五線譜上
跳動的音符
奏出優美的旋律
為這充滿朝氣的天地
譜出一首
生命的樂章

覺醒

污染的空氣已經燻黑了藍天的臉
生病的煙囪還在繼續不斷的咳嗽
狂飆的汽車已經變成蠕行的烏龜
瞎眼的紅綠燈還在一眨一眨地閃
惱人的噪音震破了窗玻璃的耳朵
天空中的紅雨還一直不停地飄落
流浪的候鳥被烹烤成燒焦的伯勞
稻草人依舊揮舞著他手中的紅旗
森林的綠衣被人一件一件的脫下
水庫的腰圍也一天一天瘦了下去
當月亮的光芒蓋過了色弱的路燈
惡臭的垃圾即將塞滿城市的心臟
編織香格里拉夢想的人們告訴我
誰來還我一個綠色而潔淨的地球

曇

偶然，你憂鬱的眼神不忍仰望
寂寞的夜空綻放流星短暫的光芒。

而今夜，在我靜僻的心園裡
且盛開著一朵永恒的蒙娜莉莎的微笑。

詩薇作品

詩薇，本名羅秀珍，祖籍廣東，生於台灣新竹，畢業自台南家專會統科，曾獲頒「全國優秀詩人獎」、「全國文藝工作績優獎」、「藍天美展西畫類佳作獎」，現爲葡萄園詩社同仁，台南市青溪文藝學會理事、台南市文藝作家協會副總幹事，台南縣美術學會會員。詩觀：我渴望在詩句的排列中悠游，我期待在字彙的結構裡遨翔，「有感而發」是我遵行的原則。

「辛心」一族

在言不由衷的唯唯諾諾裡
我們學著
捺熄自己的迷惑星火
以軀殼的機械動作
在科技掛帥的前提中
存活

活著便是尊嚴
我們便
諸如此類地放逐起來
在剎車聲與飆車族的對峙中
在混凝土與鋼筋的咆哮中
在終端機與電腦病毒的鬥爭中
我們遊走
摒除了腦的指標

所謂花　鳥　蟲　魚及萬物
皆錄進一枚枚按鍵的收容所
無須思考
無須分析
只消賦予一則檔號

諸如此類
不必放馬
何須馳騁？當暗自竊喜
吾們　乃
享用科技的「幸運」一族！

單行道

請容我啊
單向地在道上行走吧
往　而不來
坦然地擁有一路開闊的瀟灑
和滿腔無須應對的情懷
我或歡愉飛躍
間或悒鬱低迴
可以縱情　如在山稜線上奔馳
也可以寡歡　邊行邊訴憂傷

請容我
閃進右轉單行道吧
在大路迎面撲來的喜怒哀樂中
你
是我迴避衆相的天地

沉默乃金

暫且
不再使用言語
獨享被放逐的流光
無須唯諾一些應酬話
也不必被迫收受

成筐成籮的渣滓耳語
半天綠葉
擺盡各種恣態
沙沙地回報風之幸臨
偶而掠境的鳥唱
在詩頁上落個逗點
撫慰那備受困擾的心情

我　用心
和心懇談著
思維順著菩提樹幹的延伸
冥想塵埃與明鏡的對話
暫且
不再言語
有蜜
在舌尖沁出

心事

在擰著麻花的情緒中
讓心事擱著吧
擱在窗邊
聽一宿淅瀝雨聲
心事濕了
濕成一方沈甸甸的夢
夢裡反覆著方寸中的困厄
黏搭著交錯的思維
當羸弱的陽光
撫弄模糊的花影時
驀然想起那不經心的錯失
而心事
早已開成朵朵霉花
在窗台上
展示滄桑

葉日松作品

葉日松爲台灣省花蓮人。一九三六年生。曾任國中教師四十年。退休後擔任花蓮女中社團指導老師。花蓮青年編審、文化中心季刊編委。著有《葉日松自選集》、《生命的唱片》、《邊城的火車》、《北海詩集》、《葉日松童詩集》、《回故鄉看晚霞》等廿多本。作品被譯成韓文、日文，英文。並獲新聞局優良著作獎及國內多項文藝獎。目前正努力推動客家文學、青年文藝活動及兒童文學。其優良事蹟已列入《中華民國現代名人錄》、《中國文學大辭典》、《台灣藝文誌》、《港台及海外華文作家、詩人大辭典》、《中國作家名錄》、《當代作家名錄》等。

新春三唱

午后的南濱公園

柔柔的風
將海的語言
轉化為情人的呼吸

斷了線的風箏
不知什麼時候
把午后的南濱
給吵醒了

今年元月時

讀燈　無燈
讀月　無月
雨落著　無奈地

遠去的　是昨日的那片雲
是令我刻骨銘心的名字

今年元月時
我捧著玲瓏的
輕盈的夢
夢是水中的月光
是她淒美的回眸

走過風雨的長廊

用裸足走過這風雨的長廊
我知道
每一個腳印
都有跌宕的臉譜
從出發到終點
我認命要頂著風雨
永不歇息地趕路

趕路

醉月湖畔

・送女兒上臺大

妳終於將疲憊的笑靨
投給那多情的「醉月湖」了（註）
在湖畔，妳最好作一次美的沈思
把走過的歲月當橄欖咀嚼。

註：醉月湖爲台大著名校景之一。

後記：今年暑假小女考取台大歷史系。十月間曾陪她赴校註冊。註完冊後，父女同遊「醉月湖」，漫步閒話，諸多的叮嚀與期許，盡在不言中。遂成此詩以作紀念。

路寒袖作品

路寒袖，本名王志誠，一九五八年生，台中縣大甲人，東吳大學中文系畢業。曾任高職專任教師、中國時報「人間」副刊撰述委員等，現任台灣日報副總編輯兼藝文中心主任。曾多次獲金曲獎、金鼎獎之最佳作詞獎。著有詩集《早，寒》、《夢的攝影機》、《春天的花蕊》（台語歌詞）、《我的父親是火車司機》，散文集《憂鬱三千公尺》，編有《風景明信片》、《公開的情書》、《公開未公開的情書》、《藏在我心》等多種；音樂出版：《戲夢人生》電影音樂帶，潘麗麗專輯《畫眉》、《往事如影》，陳水扁市長競選歌曲《台北新故鄉》等。

五更鼓

一更了
燈燭已然黯滅
你我多麼害怕
害怕鞋子在窄窄的門口相逢
依稀，衫巾羅裙交互迭錯
那我們慨然拋下的世界

二更了
寒寒夜星從未這般地
侵佔我們的庭院
這般地親近我們的肌膚
窗外舉起千萬隻手的野草
穆穆地伸向飽滿的圓月

三更了

蛙鳴竟然輕易的
奔跳在我們的床緣
雷雨不斷地敲擊著每一個細胞
慢慢，墜入那爆發的山口
哦——黑暗再也看不到我們了

四更了
溪水輕快地躍過細石
流進平坦的湖心
我們以唇瓣相互掩蓋
讓無數花朵在血液內盡情地開放
開放一艘一艘逍遙的船

而五更了
更槌是何其的催促
催促陽光快速地驅趕烏雲
趕向我們沈甸的臉龐
你扭緊的雙手

門我成那扇不想打開的門

針

年輕守寡的祖母
終於找到生存的浮木
——一根細細的銀針
即使日子堅硬
黑夜厚厚一疊
穿著祖母淚腺的針
總在她的指頭
汲取潤滑的鮮血

五十年來
縫製了公務員的父親
又給我合身的一切
串連了勢利的親戚
讓他們春夏秋冬服服貼貼

祖母說，從微小的針孔睨過去
除了嫌隙
這世界依然別有天地

五十年來
那銀色的針耗盡
祖母秀麗的髮絲
如今，正沉存我的心底
每當仇恨戳穿寬容
它便繫著祖母的期許
殷勤為我繡補
破了洞的人世敬意

五分車

小小的五分車上
成綑成綑的甘蔗
堆得高比天
即使舉起全線通行的旗號
仍然不時絆倒出遊的雲彩

我童年唯一的零食
坐著五分車到處旅行
糖和油菜花混合的香味
飄過原野，迷惑了麻雀
緩緩傳進學校的每一扇窗

放學後，我常到鐵道旁等待
遠方五分車駕著風前來
偷偷抽一根，像拉開貧窮的門閂
苦澀的皮是父親的汗漬
甜膩的汁是我未長大的夢

董劍秋作品

董劍秋、一九二九年生、瀋陽市人，軍醫班畢業、乙等特考及格。中華文藝函授學校新詩班第一期及中國文藝協會散文、新詩研究八十六年班結業。

情的項鍊

還在娘胎人們就都戴上了項鍊
緊繞脖兒環環相扣地散發著
珠寶金銀各式各樣感情的光輝

幼兒騎上老爸肩膀吆喝
長孫攙扶著老奶想去街上走走

他望著她的紅唇直不愣瞪
她斜瞇他的傻相也有點發糗

他為他的勝選舉首先乾了杯
她因她難產偷偷又把淚來流

她臨走走得安祥怡然自在
直到生命盡頭他早已熄了火
兩眼睜得還是直不溜溜丟

山上的湖澤

由機窗下望峰巒的您
喔！好一位禪坐高僧
任強風追逐浮雲
任鐵翼打長空掠過
連晚霞都不甘灰白
而您卻如此恬淡自若

斜陽下　遠看
皺紋雖已起伏滿臉
要不是心窩兒裡
火山早已熄盡
何來當下的
自在　清涼

露珠

一

上天棄我渺小
　我嫌泥沼污濁
暫息這葉小草
　是為仰望那顆星

二

朝陽下　睜大了眼睛
　不是懼怕生命的消逝
面對紛爭擾人濤聲
　我願獨自守著靜默

三

時空裡會消失的我
　也願在虛無中現形
且是以水晶般含笑神識
　來低吟一闋無聲的梵歌

墨人作品

墨人，本名張萬熙，江西九江人。民國九年生。曾任國民大會簡任組長兼圖書館長、大學教授。出版有《墨人半世紀詩選》、《全唐詩尋幽探微》、《全唐宋詞尋幽探微》、《紅樓夢的寫作技巧》；大長篇小說《紅塵》；散文集《紅塵心語》、《年年作客伴寒窗》、《大陸文學之旅》等五十種。榮列英美義印度等國出版的《二十世紀二千位傑出人物傳》、《國際作家》、《國際詩人》、《國際文學史》等。並獲美國國際大學榮譽文學博士、艾因斯坦國際學院榮譽人文學博士、世界大學榮譽文學博士。現任英國劍橋 I.B.C 副董事長。

黃鶴樓

仙人乘黃鶴來了
又乘黃鶴去

詩人崔顥、李白、王維
坐船來了，騎馬來了，走路來了
又一個個乘輿而去

五十年前
我乘難民列車來了
在如雨的炸彈中來了
幸而我沒有炸死

五十年後
我乘波音七四七跨海而來
比乘黃鶴更快

今日的黃鶴樓更大更高
對岸的晴川閣也矗立雲表
可是我兩眼怎樣掃描
也看不見鸚鵡洲的芳草

長江浪，依舊滔滔
雲夢澤，水天浩淼
橫跨大江
從你腳下添了一座長橋

一樣的江，一樣的橋
你與潯陽樓
不是兄弟就是姑表

我不是乘黃鶴來的
我很想乘黃鶴歸去

大屯山之霧

大屯山撒下了天羅地網
在我前後左右撒著一片迷茫

天女以纖纖玉手
撒下五彩繽紛的花朵
你卻以巨靈之掌
撒下一片霧的汪洋

天女是溫柔而善體人意的
她撒下的是愛情和安慰
你卻是一位不解風情的莽夫
你撒下的是滿山的恐怖和迷糊

我以手杖叩響山中的小徑
兩眼透視灰色的疊疊層層

千萬休欺我踽踽獨行
我心中點著一盞明燈

我是從黑夜走過來的
我的心燈會照出你的原形

我的心燈勝過億萬支燭光
縱然天翻地覆
星球發生互撞
我也不會迷失方向

我從何處來
我仍然會回到那個地方

六月之荷

一池的粉紅
一池的翠綠
盈盈的花朵，田田的葉
組成一季最美的構圖

何處借來畫家的丹青
何處偷來詩人的彩筆
以一池清水作底
描出岸的曲線
少女的情懷
冰清玉潔之姿

昔日愛以彩虹作橋
摘取織女座星星的少年詩人
如今快成南極仙翁了
面對著千朵萬朵的粉紅
千片萬片的翠綠
非但不能吟詩千首
反而躲進宇宙黑洞沉思

蓉　子作品

蓉子，本名王蓉芷。曾任中國婦女寫作協會值年常務理事，亞洲華文女作家文藝大會主席，文建會與東海大學合辦文藝創作研習班詩組主任……，曾獲國際婦女年國際婦女文學獎、青協文學成就金鑰獎、國家文藝獎、菲律賓總統金牌詩獎等。著有詩集《青鳥集》、《七月的南方》、《這一站不到神話》等十多本。作品選入英、法、日、韓、南斯拉夫、羅馬尼亞等外文版選集以及選入中文版選集近八十種詩選集。出版三本評論蓉子作品的書。

白色的睡

這是失去預言的日子：
　在憂鬱藍的穹蒼下
我們採摘不到一束金黃
很多很淡的顏色湧升
　很多虛白　很多灰雲　很多迷離
很多季節和收割闊離

　（為煥發陽光遺棄了的
怎能曬乾她濡溼的衣裳？）

像滿園蘭蕊
你禁錮的靈魂
正翕合著一種微睡
一群白色音符之寂靜
——我的憂悒在其中
在紫色花蕊。

儘管鳥聲喧噪　滴瀝如雨　滴落
也喚不醒那睡意
冷冷的時間埋葬了歡美
冷冷的靜睡不再記起陽光的顏彩
鳥聲滴滴如雨　濾過密葉
密葉灑落很多影子
　很多影子　很多萎謝　很多喧嚷
我柔和的心難以承當！

五月是火底眼眸
在喧啾的季節裡
她睫毛的陰影猶濃
有甚深的期待……

奧秘

龐大無際的宇宙
如此美麗的安排
這樣豐繁的構造
處處存放著令人驚嘆的奧秘

宇宙的起源　人類的死生
這樣深邃的意識　這般精巧的運行
縱然傑出的頭腦和心智
也難以完全理解

在陸上　在海洋
在寬廣的平原　在嶙峋的危巖山嶺
隨處都有生命在呼吸
——這一切豈能來自偶然？

那波濤萬頃的海　是
上蒼頭號的大魚缸　遨游著
大魚、小魚、蝦、蟹不計其數
牠們追逐、噬咬、遊蕩一如人類

候鳥隨季節的變易遷徙
較作為人類的我更能辨認方向
牠們用什麼音符達成共識　選定吉日
集體飛掠千山萬水　終抵舊日家園

人類雖是萬物之靈　仍屬被造之物
又如何和賦於生命的主宰相抗衡
祂若是崇高的山岳
我只是泰山腳下一粒無足輕重的泥塵

就如何用「我」的有限　去
理解那在創世前就存在的本體
——因為「宇宙的源頭來自
物質　能量　時間和空間之外」

一朵青蓮

有一種低低的迴響也成過往　仰瞻
祇有沈寒的星光　照亮天邊
有一朵青蓮　在水之田
在星月之下獨自思吟。

可觀賞的是本體
可傳誦的是芬美　一朵青蓮
有一種月色的朦朧　有一種星沈荷池的古典
越過這兒那兒的潮溼和泥濘而如此馨美！

幽思遼闊　面紗面紗
陌生而不能相望
影中有形　水中有影
一朵靜觀天宇而不事喧嚷的蓮。

紫色向晚　向夕陽的長窗
儘管荷蓋上承滿了水珠　但你從不哭泣
仍舊有蓊鬱的青翠　仍舊有妍婉的紅燄
從澹澹的寒波　擎起。

趙 化作品

趙化，本名林蔚穎，一九四八年生。福建莆田人。中興大學企管系畢業，從事出版事業近三十年，一九九四年開始新詩創作，第一首詩「擁你入懷」發表於《秋水詩刊》第八十一期。現任漢藝色研出版社總監。《秋水詩刊》企劃經理。中國文藝協會會員，中華民國新詩學會理事，編有詩集《美麗是緣》。作品散見《秋水詩刊》及海外各詩刊。作品被收入歷居年度《中國詩歌選》。詩觀爲：繪畫用視覺享受；音樂用聽覺享受；美食用味覺享受。而一首好詩，有情，有景，有色，有味。用的是：心靈享受。

濾水器

為了讓妳有一杯
純純的水
我恒是默默忍受著
沙石　木炭　樅們
層層疊疊的沖擊

那朝朝暮暮
無休止的滌洗
是怎樣的一種歷練
怎樣的一種心甘情願
有誰能是我的代言?

幾近鞠躬盡瘁了
無非
祇為那滴滴不含

渣滓的清水

一如愛情的世界裡
不經幾番風雨
怎能擁有
沁心相許

呼喚

是什麼使我飄忽不定
日與夜都在尋覓一種安寧
不知心潮何時起了波浪
吸引我的磁石
遙遙在雪的故鄉

時光是飛馳過去了
我卻遲遲不敢承認
深鎖的眉尖裡
隱藏著單純的愛與戀

順著命運的軌跡走
多少允諾
多少等待
寫在風中雨裡
成了痴痴的凝望

暮色寂寂
情歸何處？
只有那多情的擺渡人
能懂　隔岸
深深的呼喚

木棉花

春天
萬物才重新萌芽

你卻已經燦爛
如天堂來的鳥
展一身耀眼的橘黃
傲然棲息
在熙來攘往的行道上
看盡人間滄桑
夜夜沐著李白的月光
依循夢想　或許
嚮往彩雲的飛翔
或許
思念冰清玉潔的北方
當繁華落盡
當季節轉換
當你縱身一躍
我知道
壯麗墜落的
是情真
不是痴狂

茶的聯想

凍頂是一條潺潺的小河
烏龍似一首多情的水歌
波洱茶裡蘊藉著香片的浪漫
這些　都
永不如
我疲累時
妳貼心
為我沏的那杯
溫柔

碧果作品

碧果，本名姜海洲，字逸青、號宗巖，一九三二年生。河北省永清縣人。從事現代詩創作四十餘年，著有詩集《秋・看這個人》、《碧果自選集》、《碧果人生》、《一個心跳的午後》、《愛的語碼》，及短篇小說集《黑河》，散文集《知乎水月》、《戀人之夢》等多種。並編撰中國大歌劇《雙城復國記》、《萬里長城》等。現爲《創世紀》詩社社長。專事寫作及插畫。

牆

我有著一道牆
我有著一道殘忍而冰冷的牆，高高的圍著我
高高的圍著我，哎哎
　妳想，這是多麼的惱人吶

深夜，我飛啦，以我無情的翅膀
向一個遙遠的純綠色的園裏
　吻有我理想的形態的月
是甜美的

啊，而我的牆是有著四肢，鼻子和眼睛的⋯⋯

昨天下午我走出電影院之後

沒有人回答

我毫無原由的奔跑出去
最後　坐在一張碧色的大床上
被善意的沈默處置過的
坐著。
坐著。
許多人的臉竟都貪婪的探望著圍攏過來

此刻
屋外的廊內
有位廚師行過
吹著口哨
那張大床就攀著哨音龐然了起來
使我驚見
天空竟成了我小屋的四壁了

我坐在一張碧色的大床上
如一滴水般的
被善意的沈默處置過的
如一滴水般的

沒有人回答
昨日下午我走出電影院之後

竟像又由一株樹中躍出

人

這只是個微不足道的事件
所有的聲音自我們的四週旋升起來，將我
們淹沒。我們的臉孔？

我們的臉孔乃窗外的大地
有鳥自我們雙目中飛出，

投入黑色土壤

那就是出口
和
入口

等待著我們的是我們的缺席。
這只是個微不足道的事件。
等待著我們的是我們的缺席
等待著我們。

小花豹

鮮花貪婪地迴繞在你的左右
把整個春野占據的那個夜晚
月亮啞默地已升過你的額頭
花香幽緲若絲的
就在你的額頭誕生

誕生為一形似一頭小花豹的
是擁花入夢
淺睡為花的你
是你的側面
蜷臥的
苦修為我以心鏤成的
一尊

白而透翡的
羊脂
軟玉的小佛
名曰：
小花豹。

滌雲作品

滌雲，本名吳龍杉，一九六二年生，雲林麥寮人，國防醫學院衛生專科班畢業，曾任軍職，現服務於台西郵局。中華民國新詩學會、中國詩歌藝術學會會員，曾加盟葡萄園和大海洋詩刊社，現爲笠詩刊社同仁。作品選入《悠悠秋水》及《中國海洋詩選》。獲得一九九三年優秀青年詩人獎，已出版詩集：《夢者一九九七》。詩觀爲：「現代詩」的語言和形式，應盡量精益求精。在語言上，力求溶縮，在形式上，避免長篇大論，適當注入情感，並以時代爲背景，創造出具有生命的詩篇。

崖居

築一茅屋於懸崖
植幾株垂柳
釣去世俗凡塵
讓崖草自在蔓生
讓銀光自然輕溢
不食煙火
遠離人間
獨對一山幽雅
涵泳一水靜謐

白鷺點點
翺翔於湮波之上
山嵐片片
沈浮於山坳之間
山河四時常在

青柳無需換取人間柔情
非遺世獨立非離群索居
唯湖光山色
能超脫時空羈絆

酢醬草

五月陽光平鋪的小徑
一種屬於粉紅的香味
在南風中輕挹……

彩蝶不飛
遠去的跫音不臨
仰首
是為了讓心事
映照長空
孤寂的守候
總會被偶來的雲朵
驚動

長夜漫漫
獨對一季淒涼
昔日蒐集花粉的人兒啊
這荒蕪小徑
正綻滿著我多情的花蕊

浪者

把石頭，擲向蒼茫
群山，頓然
肅立胸前
斜陽之外，有浪者
仰首高歌，舉手撫月

水波間，山影
漂浮著日和月

那哭泣的落葉啊
緊抱住腐爛的枝幹
夢遊於微溫的泥土

老屋

透明的窗口，蒐集
滿天閒逛的白雲，遠處
青綠的小山丘，群鳥
終日聚集，喧噪
春水流著兩岸整齊的倒影

老屋靜立，磚墻
泛動淺褐光線
埕上，草木枯黃無力的依偎
曾是孩童們追逐的泥土
翻滾的落葉帶走一片嘹亮的笑語

火焰

排水口，傾吐
人類髒亂的心聲
蛙鳴吶喊於遙遠的彼方
枯草間，蝴蝶
遺落美豔的舞衣

舉起吧！悲憤的火焰
烈日正燃燒，膿臭的地表
廢墟中，磚瓦仰首
怒視曾經匆匆過往
被貪婪覆蓋的腳印

綠 蒂作品

綠蒂，本名王吉隆，台灣雲林人，一九四二年出生，書香世家，父亦爲詩人。淡江大學畢業。曾任《野風文藝》主編，創辦《野火詩刊》、《中國新詩》、「長歌出版社」。著有新詩集《藍星》、《綠色的塑像》、《風與城》、《雲上之梯》、《泊岸》、《坐看風起時》等。多次代表出席歷屆世界詩人大會，足跡遍及亞、美、歐、非、澳各洲。曾擔任在台北舉行之第十五屆世界詩人大會會長。在文藝團體曾擔任「中國青年詩人聯誼會」總幹事、「中華民國新詩學會」總幹事。現任「中國文藝協會」秘書長、「中華民國新詩學會」祕書長、「世界藝術文化學院」副祕書長、《秋水詩刊》發行人。

日月潭・夜・雨

夜　是不眠的湖
倒映著燈光明滅的故事
湖　是不眠的夜
剪貼了星空凝思的千眼
朦朧在遠處的光華島
畫意地漂泊成
不繫的晚舟
在只離家百里就能記敘的鄉愁裡

雨絲　是延綿不斷的思念
密密麻麻地漣漪了心湖
思念　是細緻編織的雨絲
漾散湖光為清寂流動的風景
晚鐘　迴盪起山寺的松風
松風　斜落了臨窗的雨聲
雨聲　溼漉地剔透了
　　初醒於感傷邊緣的詩情

坐看風起時

——重遊碧潭

載負過三十年暌違的歲月
吊橋的背　竟也瘦弱地佝僂起來
碧水不綠
紅橋斑剝不紅
紙鳶在飛升中尋覓
河堤上那年的我

坐看風起時
往事如散脫了裝訂線的詩冊
一頁頁地恣意馳騁
不管是彩色繽紛
抑或灰黯淡白
不管是觸手可及的溫柔
抑或是恆久纏夾夢中的遙遠
終要飄逝

在無盡的風中

深知等待必然凋落的結局
但楓紅守候依然
只因守候不為秋之蕭瑟
守候的是自己孤冷的感動
以及心中那一小縷不滅的靈光
詩情不因等待而脆弱
芒葦不因白髮匍伏而憂傷
思念的筆觸冷冽如刀
剖析著所有曾經的華美
在風聲簌簌未息之際
停格在回顧的風景中

風起風落
暖陽薄暮成闌珊向晚
潺流在凝思中沈澱喑啞
當彼岸燈火閃爍成粼粼波光
夜將因風而泊

舟繫彼岸
只是彼岸的輝煌也屬異鄉

飄動的答案紙

十年的過程蕭蕭地
落成一場秋雨
像初雪般柔細地
打溼了台北的黃昏，以及
木棉樹列的磚道
橘紅的花不是路標
不是稍縱即逝的風景

就無一個路標指明
是寧謐的秋水
或是盪漾的風情
每條路徑
皆通往最蒼茫的深淵
就無一句詩語描繪
臉頰上的雨中之雨
是裝飾著笑容的心疼
或是煙雨飄渺的歸宿
每個心情
都沈澱在沒回音的山谷

所有的步道
所有的思情
終點都在遺忘的山崗
在放眼與沈思的裂縫中
雲是唯一飄動的答案紙
　是溫柔而空白的謎底
絢麗的彩虹在守望中
一分分地淡化消失
門上的鈴噹獨自晃動著
室外的風聲
而雨中的山色
漾流成臨窗模糊的條紋
譜為詩章末節的音符

黎明作品

黎明，原名廖本郎，台灣雲林西螺人，民國廿九年三月生。畢業於私立新儒文理學院中文系、文化大學推廣部廣告研究班、美國私立國際基督學院經濟研究所經濟碩士及商學榮譽博士。民國四十五年四月出版處女詩集《雨夜》，作者時年十七歲。此後續出版《愛曲》、《金陽下》、《黎明創作集》及長篇小說《美麗的謊言》，心靈日記《靈鬚》與《斷想錄》等著作。爲中華民國新詩學會會員。

港都組曲

西子灣

位於打狗山之西
碧綠平靜的海水
引誘著無數廿世紀的亞當與夏娃們
在你寒闊底母懷裡悠游嬉戲

燈塔

立於旗津尾端之頂尖
不分風雨陰晴，日日夜夜
均在為著那欲進港的艦舟之安全而醒著
你底默立，猶如哲人蘇格拉底之化身

旗津

原是一個冷落的海湄漁村

如今已有無數底洋樓矗立
而那穿著極少衣服且健美的海女們
更綴使這現代化之漁村海灘生色不少

BAR

每當霓虹燈睡醒的黃昏
妳以如咖啡廳暗淡的燈光
誘惑著那些患有嚴重思鄉症的洋水兵們
投進妳那能令人短暫忘憂的酩酊國度裏

忠烈祠

這裡供奉著無數忠義烈士之神位
為讓後人做永恒之敬悼；迎面
凝望那怒吼著的臺灣海峽
怎能不令人頓興懷古憫今之思？！

壽山公園

尋幽攬勝的遊客們，以及
談情說愛的情侶們，乃
綴使這裡的四季永遠如春
而羅曼蒂克的氣氛且宜濃厚

愛河

昔日秦淮河畔的後庭花
今猶在市府後之愛河畔重唱著
呵！你這原係神聖的愛河
竟然亦不幸而被罪惡的世人蒙上了污點

船

思穿妳霧般的夢想
思穿妳花般的寂寞
妳乃一座孤島
一個飄渺的存在
冥感不覺
在波動的海平線上

談　眞作品

談眞，本名談美華，台灣省台中縣人，國立中興大學中文系畢業，現任教台北縣中和國中，是中國婦女寫作協會會員。詩、散文常發表於國內各大報副刊。

琥珀

斑駁的樹蔭，飄溢著陣陣松香。
機靈的松鼠，閃躲的作營衛追逐。
在時晦時明的樹叢裡，
卻不識大樹底下隱身的珍藏，
千萬年醞釀而成的琥珀，
既非瑰麗，亦不耀眼，
你溫柔的一望，
就似前世深埋的種子，
在今生的重逢，
迎來滿目的似曾相識，
無數次夢醒之際，
幻想著千古不變的戀情，
卻惟恐加溫之後，
你的溫潤驟然而褪，
且讓所有的折騰、澄淨、提昇

靜心的化石，
隱身在大樹底下，
在時晦時明的樹叢裡，
松鼠繼續追逐，
松香陣陣飄溢。

指壓

像是梳理一頭
糾纏的亂髮，
有時牽動髮根的劇痛，
可是響自內心的呼喚
待我梳開雲絲　那
無法觸及的傷痕
再次重現的夢魘，
都爬上身來，
接受我溫柔的撫慰，
輕輕的！
　輕輕
你睡成一片幽靜的湖。

寒山鐘聲

寒山鐘聲
是遊子未眠的夜
晦暗的星兒
終究迷失於茫茫水面
若風信子般的命運
我繼續著漂泊行旅
只是今夜
那詩歌反覆吟唱呀
內心也隨之迴盪不已
間或傳來的鐘聲
亦由縹緲而渾厚

彷彿來自故鄉的呼喚
不如歸去，不如歸去
失措的我連忙上炷香
祈求一分靜謐與祥和
且看霧氣漸漸消散
星兒自會浮現水面
而遊子即將夢醒於
寒山曉鐘

絕響

——記一位波蘭英勇號兵

當號聲扼止　在
敵人的箭頭
縈繞山谷的迴音成為
永恆的絶響。

當荆軻試劍未成
壯士鮮血染成
希望的火花

那悲歌相傳
無盡的慷慨涕泣
「壯士一去兮不復還！」

而克拉克的城堡
日日重複
悲壯的一幕
於是日日
點燃愛國的熱情
隨著信鴿與氣球
升起並展翅
飛翔

魯蛟作品

魯蛟，本名張騰蛟。一九三〇年生，山東高密人。曾任軍職及行政院新聞局主任祕書。早年曾加盟紀弦的「現代派」。著有詩集《海外詩抄》、《時間之流》，散文集《鄉景》、《溪頭的竹子》。詩文合集《張騰蛟自選集》及小說集、傳記等共二十餘種。散文作品有多篇入選國中及五專等國文課本教材。認爲詩是一種精密文學，一字之失，亦應力戒。詩是一種自由文學，體裁架構表現方式，不一定要用一種尺度來加以規範。詩，也是一種良知文學，不論是言志或是抒情，不論是詠頌還是譏諷，立意應該善良，目的應該忠厚，不能爲社會帶來傷害。

清·翠玉白菜

昨夜的清露猶在
今晨的泥香猶存
即使再在時間裡埋上千百年
還是依然脆嫩
還是依然晶瑩
而那隻猛猛饕餮著的螽斯
仍然是不能用指去碰的
一碰　就會
跳
走

如果

在貝魯特的巷道內
在貝卡山谷的荒野間

在薩爾瓦多的牆角下
在尼加拉瓜的山谷裏
以及在兩韓之間的停戰線上
一些為人之子為人之兄為人之弟的
好好的青年們　在那裏
持槍而立　持槍而蹲　持槍而臥
我們這個世界啊
真夠戰爭

如果　這些好好青年們的手裏所握的
不是槍
而是一把吉他或一隻琵琶
我們這個世界啊　該是
多麼音樂

黃金的蛻變

——新官場現形記

自古以來
黃金的顏色就是黃黃的亮亮的
從未變過
惟有在我們這個世代裡
有的變黑了　變暗了　且
幽靈一般的
穿馳在某些個衙署與宅第之間
鑽奔在許多的公庫和私屜之間
游動在若干的心臟跟腦際之間
黃金雖然變黑了
而其威嚴仍在
只要牠一出面
魔鬼們還是要乖乖的推磨
（何況人乎）
於是
一個個的良知便被牠俘擄
一塊塊的道德便被牠吞噬
而那個叫做廉潔的東西

也溫溫馴馴的
被牠生擒了

名冊

一本並不怎麼厚重的名冊裡
聚居著多少的姓族人氏
湧動著多少的暢旺血脈
蓄納著多少的生命故事

名冊裡的衆姓衆氏們
雖然分趙錢孫李或是周吳鄭王
雖然分江南江北或是海東海西
而在他們之間
總是隱隱約約的扯著一條線

一本並不怎麼厚重的名冊
原來是
一塊譜系交錯的姻緣地
一篇又繁又長的生命史

劉　菲作品

劉菲，本名劉文福，另有筆名劉金田、田滇，一九三三年出生，湖南藍山縣人。曾創辦《鍾山詩刊》及詩宗社發起人同仁、創世紀詩刊社同仁、秋水詩刊社同仁、第十五屆世界詩人大會副秘書長。並曾獲詩運獎。現爲中國文藝協會副秘書長、中華民國新詩學會理事、副秘書長、世界華文詩人協會理事、中華文化藝術協會會員、台灣省作家協會會員。《大海洋詩刊》社長、世界論壇報《世界詩葉》主編。已出版專集者有詩藝評論集《長耳朵的窗》、詩評集《詩心詩鏡》、詩集《花之無果》、《風景・情景》、評論集《談詩論藝》印刷中。

大草原之戀

大草原的藍空
　給我浩然之氣
大草原的泥土
　給我慈母之依戀
大草原的野花
　給我芬芳的詩情
　　孤挺的畫意

大草原的牧草
在春風中微盪
　是詩景
　是樂章
是生命線

大草原

在你溫柔的胸膛策馬
　力馳健壯的雄姿
在你蒼翠的山谷歌唱
高揚漢子戀情的堅貞

她的手

她的手　纖柔地
　在鋼琴鍵上撫弄貝多芬
激情　癡迷　沉醉
突然　音符休止

她的手　靈敏地
在電腦鍵上活活跳跳
從早到晚　從年頭到年尾
溫柔多嬌變成方方正正

她的手　淨淨地
拿起油膩的菜刀就怕割到手
想起媽媽做菜動作快又好吃
方知廚房有大學問

她的手　笨笨地
孩子的尿布換不俐落
七拉八弄
孩子氣的哇哇叫

她的手　勤學苦練
由春天的嫩變夏天的熟
由夏天的熟變秋天的黃
由秋天的黃變冬天的枯
粗粗糙糙的手還買化妝品保養
遲遲鈍鈍的手還要早起去舞劍

她的手　脫離母體就刻著掌紋
　紋痕不因春來豐滿秋去淺淺

紋路不因年齡增長老來減少
算命蓋仙滿嘴如此這般
她相信命運卻從不上當

出海

海　在呼喚
悠揚的歌聲翻動我的寧靜

船解纜了　緩緩移向大海
我向誰揮手呢？
淚珠脫眶　默默

港灣在船尾消失
島上的山巒漸遠漸小漸無
船在海上畫一條白色浪路
　浪聲如鼓　雄壯激昂
海鷗追逐浪路飛翔
在空中發出歡迎的鳴叫

清晨　太陽追逐我們的船
黃昏　我們的船追逐太陽
　那又紅又大的火球一寸寸在遠海沒落
橘紅的光柱為海天相連處潑出
一幅彩畫

夜風瀟瀟
繁星點點
船速放緩　浪歌悠揚
站在舺板上數星星
最亮的那顆在心中
燃燒

劉建化作品

劉建化，筆名丁尼。原籍山東黃縣蘆頭鎮界溝劉家村，民國十六年十二月一日生。一生戎馬，陸軍上校退役。現爲中國文藝協會、中國作家協會會員，曾當選中國新詩學會理事、中國詩歌藝術學會常務監事；榮獲英國劍橋國際名人傳記中心以詩人列入《世界名人錄》中；美國世界藝術文學學院榮譽文學博士。歷任《葡萄園詩刊》、《中國詩歌選》編委，並創辦《桂冠詩刊》，自任主編，畢生愛好文學，垂四十餘年，曾出版《豐盈季》等十二冊詩集；合出版：《七人詩選》等四冊詩選集；待出版：《靈糧》、《詩人雕像》等五十二冊詩集。

光、遁跡

夜 被朦以雲翳的沉鬱
迷失的千眼
　隔絕星眸底視度
而霧以灰暗瀰漫
覆陰了森林古老的夢之門楣

於是夢幻底世界
　在靜思中喘息
在零時交替裡諦聽顫抖的秩音
遠方抽泣雨的清醒
從短暫領悟中發現
一切現實 一切幻滅和夢一樣
自時空的翅膀滑落

春晨已去

光　遁跡圓弧斷面之彼
　陰凜網口
網射雲翳內層的朗朗星火

在遺落的年代

甚至幽靈被棄於潮流底背向
而你依然跳著蹣步的餘音
　蹎躓小腳婆的韻律
走著　且爭論一彈指的虛徹
　死亡後的孤寂
如是昂首　毅然的昂首
在遺落的年代
猶以一木枯影搖撼無邊的風
　無際的雲
且在嘆息的聲聲裡
論註宿命者的乖舛
而你不諳涉足河流的清朗
　世俗的傳統
祇隱於古井裡尋覓際遇的奇蹟
且困棲塔內　瞻望雲的飄逸

覆

浮抹濃重的醉意
溺斃於盈懷的歸心
沉思的面頰自惲露忻愉的頂點
豐射著意語的艷紫
　夢幻底彩虹
我是拓荒者　為幽秘的冷凜
　負荷時間砌成累累的鬱痕
在記憶與思緒對壘的蘊層間
猶之如蘊藏一季枯萎的慵倦

痛苦的悲風
當思念忘了星月的輪迴
時間的烙印

那夢　為妳曾氾濫一虹迢迢思緒
一串長長春情
我且在七月東方夜譚中默然地走過
走過昨夜方城的幽秘　影子的孤獨

對視

展示一秋枯萎的心緒
風　摺滿了冬陽層面的鬱痕
我們從蝕邊額角上曲線上對視
對視葉屍乾癟莖絡的靜默
且聽歲月施予折磨的聲息
鏡內錘貼面頰裂縫的厄運
年華遺下金色的負荷
急急渡過長橋奔逝而去
而伊卻有一則動人的故事
自驚悸的火燄中逃出

昔日輝煌的容光
悄悄地掠過一抹短短撞擊的沉默
而時間隔著現實漸遠
伊自原始就曾渡過未來的預言
就曾用焚燬的星體去埋葬春情
啊！如今在對視的憶中暗然悲傷

潘皓作品

潘皓，筆名野農。安徽省鳳陽縣人，一九二九年生。國立臺灣師範大學教育學系，暨三研所畢業。從事社會工作之研究近四十年，曾任自由青年半月刊編輯、大道雜誌社社長；南亞工業專科學校、華夏工業專科學校、中國文化大學、東吳大學講師、副教授、教授。現任朝陽科技大學教授、中國社會工作協會秘書長。著有：《均富社會與經濟發展》、《民生主義經濟體制》、《哲思底視界》、《中國社會福利思想與制度》以及相關論文數十篇。在新詩創作方面曾著有詩集：《微沁著汗的太陽》、《在苔集》及詩評與詩論等多種。

展望

——二十一世紀的另一個夢

永恆不是用時間
累積的產物
只有存在與死亡的繼續之交錯於
輪迴的定律是自然的

人的悲哀
是霧煞煞的生活著
生命早就淪為
無目的地漸次抽離的過程

我不願就此枯萎
像雨後那朵旋踵即逝的雲霞
而要奔向另一個星球
尋另一個夢

但至少
可把我急凍起來
億萬年後
好扮演一具最最古老的活標本

風城之夜

黃昏過後
窗外有如霧的塵沙
飄落　以雨之
淅瀝　敲擊簷前的石階鏗鏗然成曲
　倒是滿有幾分韻味的呀
然而　當海風吹來
則一變　竟成波神的號嘯
自那漆黑的
山腳下掠過荒涼莽野
乃一縱身　跳上庭院枝頭
緊抱著不放　糾纏了好久好久
才撒手呼嘯而去
嚇得一城燈火驚魂不定
恍若流落於西太平洋上的星星
——忽載浮……
　而載沉……
夜在風中旋轉　而風則又
捲起浩浩乎排空的巨浪　狂濤
一波接著一波
莫非想吞盡天上的
雲和月

一個藝術家的情結

一汪碧綠
兩三枝血染芙蓉
便把三月天
塗抹成一幅彩色世界

他說：如讓微風
吹縐一池春水　這畫面豈不更美

於是他
則望一望遠方
若有所思
輕輕把兩隻紫燕
剪貼於柳梢
數點蛙鼓播種於蓮塘
然而　他就是不願看到那對顛狂的
蝴蝶　聯翩在花間飛舞

秋之午后的看板

蔓草寒煙
封鎖了關山崖口
天涯路竟被
切割成兩條背道而馳的滾滾江河
一條向右
一條向左

白了頭的蘆葦
總是在風中竊竊私語
而秋之神則帶著
成串如落葉的候鳥族自塞外
悠悠然渡長空而來
一個獨步於崖岸的浪者
徘徊復徘徊
　胡不歸去兮
　胡不歸去兮

當一陣海風吹起
使那窩棲憩於斜陽外的詭異底雲
終於在椰子樹的影搖下
張開了翅膀
　煽紅一山楓火
　燃亮滿天彩霞

潘　雷作品

潘雷本名潘長發，一九二七年出生於安徽省六安市，安徽省立師範畢業，國立台灣師範大學國文系畢業，外語學校英語系畢業。曾任小學、國中、高中教師。現任大海洋文藝雜誌社公關部主任。著作有新詩《臬城尋夢》、《雲幻》、《碑下的沉思》；散文《竹林書簡》、《三代同校》；舞台劇《不速之客》；歌詞《湖溪村之戀》。

雲幻

晴空
鐵翼下
波浪翻滾
變化千萬重

重巒疊嶂　矗立
巨鷹凌空
灰兔疾奔
海市蜃樓

似真　似幻
是夢　是虛
令人迷惘
陶然忘我

如能　參透人生
就該將鐵翼
翱向
警幻無盡的蒼茫

還鄉曲

藹藹　悠悠
龍山依舊　淠水依舊
等待　默禱
幽夢　淚痕
我魂縈夢牽的古城
驀然在蒼茫中出現
喜悅　激動
交匯成淮水鄉心的情怯
暮色裡
淚水和雨水透出
城廓的朦朧

一身抖不落的塵埃
蒼老了歲月
而她依然
無聲擁抱遊子的投懷
渡過童稚的歡笑
青澀的少年與孟浪
這哺育我成長的乳房
寸寸依偎　寸寸恩惠
為甚麼　為甚麼
再見不到舊識的容顏

觀成陵壁畫

雖是匆匆一瞥
卻使我終生難忘

一代天驕的偉業豐功
不是神話

是活生生
一個強者的奮鬥歷程
霸業的底定
是以
交織血淚鑄成

西征的慓悍身影
戰馬奔嘶　虎嘯龍吟
戰鼓鼕鼕
旌旗　披靡
雄風跨遍歐亞二洲

打開沙塞通路
帶進黃種人的智慧
火藥　印刷　指南針
提早歐洲的文明

上帝之鞭
不該喻為一種懲罰
祗是黑髮黃膚的英風

頭盔　戰刀
依然閃閃發光
那通靈神鷹
那千里戰馬
杳然何處

目睹昔日旌幡　帳幕
壁畫晃動
復活
喊聲震天　鼙鼓動地
戰馬龍騰
我已溶入壁畫
忘卻現實人生

蔡富澧作品

蔡富澧，湖北陽新人，陸軍官校畢業。大海洋詩社同仁。曾獲聯合報新詩獎，國軍文藝金像獎新詩金像獎。著有新詩集《三種男人的情思》、《與海爭奪一場夢》；散文集《山河戀》、《山河歲月》。

烙印腦海的戰爭記憶

——可以饒恕，但不可以忘記

就是這一身征衣，把我曙光乍現般年少歲月
磨了！從不懷疑那一場戰火可以淬煉
華夏國族五千年綿延瓜瓞的再生，氣吞萬里
如虎的江山正以漩渦的引力鼓動億萬子民
向鐵血聲光與別離生死的無償未來
美麗獻身。而我何能獨外江湖苦難
聲聲的呼喚與游擊隊一次次的頻催

自我離了陽新縣安樂里朱家湯山上的老家
就再也找不到一條回去的路了！哥呀！
年邁的娘親是我今生最沈重的負託
我是鐵了心，不將日本人趕出中國領土

我就不能回到這山上藏起怒火隱然而居
一支如魅的部伍，我們飄忽游擊於鄉里
或化跡山林、或隱身水隙，行蹤
是輕於煙嵐無解的一道謎面，我們
揮灑純鋼銳利的刀尖與純銅飛速的彈頭
從容於日軍的胸膛與咽喉之間，挑撥生死
離間人魂，圖一場國土浩劫腥風血雨
哀鴻遍野中一鄉一里小小的偏安

戰果是有了名氣是響了格局是小了，我們要
走出去！砥柱如虎難測的真面目戰爭
投身洪流，即使只是一顆乍生瞬死的漚沫
轉九江、戰長沙、打常德，我當年那群
並肩作戰的鄉里兄弟們，如今全並排
躺在冷冷的地下，傾聽長江水聲日夜的
嗚咽。我們都是在賭啊！生死與命運

常德會戰一開打，我只能與自己
那枝長在手上的步槍緊密相依
火光砲彈交織飛舞如雨天曼陀羅花
軍旗一支支投入殺戮的煉獄
官兵一個個仆倒於血腥的溝壕
我拚命向連旗趕赴支援，草鞋斷裂，背包
脫落
揮汗如雨，視死如歸，勝利已經在望那一刻
我看見你猶溫的軀體，壯烈成仁
連長！你為中國流血，我為你流淚
還有誰會記得屍橫遍野中的一根枯骨
除了我頻頻的回頭

回頭是荒煙繚繞刀槍錯落
前行是江山憔悴，夜暗已深
被逼到了山邊的五十七師殘部
靠一股不屈的意志，依然堅強奮戰
我們沿著斷垣殘壁彳亍迎向曙光

照拂中四面包圍的日軍師團
最後的五百顆頭顱是會戰的軸
承受所有生與死勝與敗開與闔的
壓力，不成烈士便成英雄

多少袍澤的鮮血流成洞庭湖
南岸沃野地底隱伏的暗流，萬頃波濤
正在醞釀一場總反擊，我們都是
隨業流轉的湖水中不曾缺席的
一顆墊腳石，執著地守住鄉里與國土
最終的希望，明日的黃花
是否依舊在崗上笑看熱血青年再造
時代的風潮，一寸山河一寸血哪

守著那座橋，五桿步槍
那就是我們僅有與日軍總反撲對抗的
火力，那就是我們求生的意志
與求勝不可動搖的信心，在曙色中
據槍、瞄準、集火射擊，暴獵
一個個日軍噴血的胸膛於瞄準線
末端橋拱的陰影，陽光終究會普照
日軍到底過不了橋，得不了利
退了！敗了！亡華的美夢成空了
接著我們就從採買口中知道
街上震天的鞭炮聲所為何來——
抗戰勝利了！

那就是我多年心願的圓滿
那就是我今生最大的成就
那就是我中華民族百年屈辱之後
再次尊嚴挺立於天地之間的重生

蕭蕭作品

蕭蕭，本名蕭水順，彰化社頭人，一九四七年生。輔仁大學中文系畢業，師大國文研究所碩士，現任教於北一女中。著有詩集《悲涼》、《毫末天地》，詩評論析介《現代詩導讀》、《現代詩入門》、《青少年詩話》、《鏡中鏡》、《燈下燈》、《現代詩學》等書。爲七十四年金鼎獎得主。

與王維論禪

我們垂著長眉對坐，松林裏
只有清泉細細
裊裊，灰白的髮絲迎風披散
一本輞川集尚未翻開
三兩片花瓣先已順著衣襟
飄落
我，正待開口

想起上次論辯的內容，細細
裊裊，不外乎眼前焚出的一縷清香
還煩勞明月駐足
相候
我，如何開口？

飲之太和

飲之太和第一首

所有的傷口隨著我
坐下來
草隨著風
坐下來，並且向四周
翻滾而去，直到冥冥漠漠
那一線
天，坐下來
以最靜的一片藍舔著我的傷口

雲
驟然湧現

雲
寂然
而逝

飲之太和第二首

林葉微微一動
可以聽得見息息
息息的聲音
可以聽得見，偶然
遠處，三兩聲吆喝

沒有鳥飛出

飲之太和第三首

我以驚喜望花
花以寧謐看我
我以寧謐看花
花以寧謐看我
我以寧謐看花

花，默默萎落

飲之太和第四首

只有幾聲

呼引
呼引著腳步
腳步
呼引著翅膀
只有幾聲
微弱的
鼻息
幾聲
鼻息

暮色漸起
夕陽寂寂
——沒入
——沒入那無際的柔韌的草叢裏

茶葉的心事

縐成一團，不一定是我的本意
回復三月東風陣陣的翠綠
或者秋末寒雨
又，何嘗是……

從火裏來，再到水中去
也不過熬來一身苦澀
沖出一身苦澀
苦澀，無論如何也說不完
山中晦暗的心情

一切都淡了
我還是沈下去又浮上來
浮上來找尋自己的臉
在淚水酸澀中
唯知出神　凝視

凝視你，身在茶杯外的風暴裏
擔著什麼樣的淒楚
萎成什麼樣的釅茶
仍然憂心杯內的我，與苦與澀

賴益成作品

賴益成，台灣雲林斗六人，一九五九年生，私立亞東工業專科學校工業管理科畢業。現任詩藝文出版社發行人，《葡萄園》詩刊編委兼經理，中國詩歌藝術學會秘書長，中華民國新詩學會理事，中國文藝協會、台灣省文藝作家協會會員。曾獲第二、四屆月光光童詩獎，一九八一年歌詞創作獎，一九九二年全國優秀青年詩人獎，一九九四年台灣省文藝作家協會績優工作人員獎、一九九七年詩運獎。著有詩集《臨溪詩草》、童詩集《罰》、編有《詩情詩畫》、《葡萄園目錄》等。

山水鳥瞰

——綠水因風皺，青山為雪白

二十年
不看山
山在　歲月裡
二十年
不看水
水在　生命裡

年少　離鄉背井
水在　腦海的血液裡湍流
年長　落地生根
山在　心湖的脈搏裡躍動

沒有叫過半句苦
在雨裡

濡溼的眼眶無法安置流浪的淚滴
沒有喊過一聲痛
在風裡
哀情的哭泣無法撫藉漂泊的靈魂

二十年　人子呀
山山水水　在心裡
二十年　人夫呀
山山水水　在夢裡
二十年　人父呀
山山水水　在雲裡

聚易聚的山
離難離的水

如矢的浮雲呀
在　我眼底

聞八星月霏雨運河行

月不明，星稀疏
驟然的黑夜降臨
盡落真淳的江南秋瑟
在天光雲翳的篩影裡
若現還隱
急欲伸展的兩岸道路
在萬户人間的燈火裡
乍亮復暗
不廢的亙古江河　透露微昕

不是遊子？
不是歸客？
溯一管脈絡
循血液的源流
一路行吟　由北至南
萍泊的蓬草　聚依依

散依依

無心放歌　寒山渡輪船頭上
默默佇立　如沉思的垂柳
恁晚涼的風雨恣意吹拂
款款深情的眼　徹夜不眠
期待逼近的船岸　熊熊
熾熱的一雙擁抱
濃濃愁緒的心　終宵孤獨
懼怕揚帆的港灣　漫漫
濡溼的兩行揮淚
——相見時難　別亦難
賁漲的胸臆鼓動嘯吼的激狂
傷感的懷思如潰堤的潮浪
一——瀉——千——里！

含羞草

就因為我愛得太多
難免感傷幽怨
躲于牆角暗處抽搐
偶爾也會將突來的激情
放在齒間相互咀嚼起來

我已懂得如何撫慰寡歡的思緒
卻又善于偽裝自己的創傷
常以一根根細小針刺折磨自己

其實我早習慣這淒冷的蟄伏

便讓我在這陰暗的一隅
靜悄悄的渡過一生吧
或許我能點起一朵
粉紅色的火把
將這愁悒的小天地燃亮
撒下絮絮的綠意

蘚林作品

薛林，本名龔健軍，一九二三年出生於四川萬縣，落籍台灣新營市逾五十二年。陸軍官校十八期畢業，上海法學院經濟系研讀二年。歷任陸軍少校軍職，台糖事業單位基、中層主管。中華民國新詩學會、台灣兒童文學協會理監事，中國新聞紙雜誌事業發行人協會榮譽理事。布谷鳥兒童詩學季刊社長，詩壇詩刊社長，秋水詩刊編委，滿天星兒童文學季刊社務委員，兒童文學家季刊撰述委員，世界華文詩人協會創會理事。業餘創作逾一甲子，著作出版有：新詩、評論、散文、小說等二十一種。作品入選：英美印韓日葡諸國世界詩選……等。

五個袁大頭

四雙小手捧著五個袁大頭
微笑著，放在即將離開故鄉的我
——手裡
妳們哪來這麼多錢
不是妳們平時攢下來的零用錢
就是從妳們爸媽錢箱裡偷拿的
妳們始終是微笑不語
四雙小手把五個袁大頭放在我手中
五雙手緊緊握著，久久不鬆開
小舟的船伕催促著
無奈地鬆開手
不敢回頭，上了小舟
滾滾淚珠，逼使我回頭望望
四個娃娃頭，觸碰在一起
髮辮垂肩

四雙小手緊緊地環抱在一起
我狠著心　掉轉頭
不然，丟不開，走不了
這幅淒苦的畫烙印在我心裡
——已一個甲子

註：袁大頭是鑄有袁世凱像的銀元。四個小女孩都是十三、四歲的黃毛丫頭。她們的真實姓名是：熊佩欽、吳郁菊、陶孟常、高逸梅。

繡花手帕

千里外，白鴿啣來一方繡花手帕
為什麼？都是用
不同顏色的藍色絲線繡成的花朵枝葉
難道是妳
深深淺淺的相思
鬱鬱郁郁的眼淚濺起的心情

繡花手帕和我染著血
一起被燃燒滅亡死定了
為什麼我獨復活
繡花手帕化成孤孤單單的蝴蝶
——飛去了

活著的我
生似「黃蓮」「梨核」「蓮心」

二十年後的五十年代
我在《今日世界》雜誌看到了妳
妳頭戴后冠，手持權杖
身披繡花白色披風
是妳，怎可能是菲律賓華埠小姐
不是妳，眉黛明目貝齒模樣
又無一不是妳……

我小心翼翼地摘去妳的后冠
裁成一幀半身相片的妳

把妳框在精緻的銅質相框裡
朝夕相依，有時更擁著妳
你怎麼流淚了呢

你的心，我都看得清清楚楚
你的事，點點滴滴都在我心頭
為什麼？不告而別
是怕妳告密
又捨不下妳，走不了
難捨，也得捨
我要去參加抗戰！再擁抱你

註：《今日世界》，是香港出版的華文期刊。

薛　莉作品

薛莉，任職出版社，新莊讀書會召集人，生活DIY創藝聯盟會長。詩觀為：每一首詩都是一張心靈的圖片我用寫詩作為記錄。

人魚芭蕾

銀白的月亮
升起來　升了起來
月亮啊　優雅地
升
起
來
是誰
誰在唱悲傷的歌
姊姊　是你們
不捨的道別嗎
終將天明
他會發現　晨霧掩不住
我潔淨的裸身

故事是這麼進行的　　姊姊
回去吧　讓我
獨自練習　獨自
在沙岸練習
用這雙新剪的尾
為他　舞一曲
疼痛的芭蕾

銀白的月亮
升起來　升了起來
月亮啊　優雅地
升
起
來

是你嗎　溫森

觀盧梭畫作【沉睡的吉普賽人】

靜默著　夜空
潛藏在暗藍的荒郊
冷冷地
冷冷地注視
如一名神秘的妒漢

六弦琴
枕著夢
枕著星子
枕著呼吸
醉倒在月光的懷裡

蠱惑　自瓶口
溢出炫異潮汐
壓抑了一千年　或更久
魔咒揉著惺忪的眼

爆出　站不穩的
癢咳
一口踉蹌　驚醒
瀕危的心跳
「是你嗎　溫森」

抒情地夜航

今夜無眠　溫森
愛過之後　你
逕自睡去了
留一張高腳椅
搗著哈欠　對抗
咖啡壺裡不羈的餘溫

給我一綑柔軟的韁繩吧　溫森
讓抒情地夜航　能在你
拴不住的胸膛上
繫幾朶美麗的結
迴翔著　微笑的蝶
飛入瀚地
飛入蘚叢
飛入恬靜無波　你的夢

薛　雲作品

本名薛美雲，民國四十二年誕生於高雄縣茄萣海邊。於高雄省立高商畢業後，曾從朱沉冬先生研習新詩。對文學、藝術有濃厚之興趣。由於結婚，中斷了對繪畫的探討，也疏離詩藝的園地。近兩年才重拾彩筆、靜心研習。但覺得詩和繪畫，好像信仰一樣，種子已播入心田，它總會在適當的時候發芽。每當風吹雨飄時候，夜深人靜時分，詩的精靈就會來拜訪。詩曾發表於國內諸多詩刊，尚未結集。

一盤素菜

習慣掛一張笑臉面具
無關乎喜怒哀愁

於傳統之小小廚間
每日我
切切切
切細細的肉絲

炒炒炒
炒盤盤色香味

炸炸炸
炸酥一桌深閨幽夢

日子總是重疊復重疊

像我堆高之碗盤餐俱

有一回我分不清
面具底下是一種什麼色系的臉
只想將自己也切切切
投入熱鍋去

炒炒炒　炒成一盤素菜
供大家品嚐

我在草原

——遙祭母親

孳生的青草
都在等候
等候我快快離去
它說　它將繁殖過來

風中的草原
如海
我哀弔底心啊
似浪

蔓草間分不清
東南西北的小路
真實和夢境
再沒有明確之分野

夢裡的母親
頻頻失蹤於叢林
我奔跑　索尋
以至絕望

夢醒於草原
陽光鋪曬淌汗之頭額

也鋪曬著草原上
寂寞的墓碑

向晚的海域

海浪搖曳
輕盪之船杆
沙灘上，悄悄浮現
女孩喧囂底身影

殘弱之霞輝
交織海洋波濤
冰涼的空氣
沐漫著髮膚

輕輕降臨
一隻風中的白沙鷗
掠過低空
又盤旋高飛

我的思念
如鑽石般之星子
陸續閃爍於向晚長空
靜默在忘情之水湄

迎風放飛逐夢之髮
水花已濺濕衣衫
銀浪衝擁喜樂之歌聲
也吞噬變奏中的足痕

鍾雷作品

鍾雷，本名翟君石，河南人，北平中國大學畢業。抗戰時投筆從戎，曾任政治主任及參謀長等職，來台退役後，歷任總幹事、秘書、中央月刊總編輯、行政院文建會第二處處長。現任中華民國新詩學會理事長，暨中國文藝協會、作家協會、編劇學會、青溪新文藝學會等團體常務理事、電影戲劇協會常務監事。作品有詩集、小説集、電影及電視劇本等百餘部。曾獲中華文藝獎、中山文藝獎、國家文藝獎、「文協」榮譽獎章、中興文藝獎章、編劇學會魁星獎及榮譽魁星獎、詩教獎、詩運獎；並獲贈世界詩學獎章、及世界藝術文化學院榮譽文學博士學位。

華實廔詩稿

一、人間菩提

從遠遠的夢裡歸來，
從長長的夢裡醒來，
從沈沈的夢裡起來……
親愛的，我在這裡！
我知道，此時正是舊歲已除，
爆竹聲聲，傳來了人間春訊。

歸來，醒來，起來！
親愛的，我只要看妳的笑容，
而不願見到妳的淚眼；
我在這裡，我起來了！
病房窗外有人間的春雨春晴，
但不知道走廊上的風寒若何？

起來啊，起來——
我在這裡，親愛的老伴兒！
我知道，人間仍有些春寒，
而妳永是我的溫暖與歡樂；
任它風雨陰晴，我們永是
攜手同登期頤的人間菩提。

二、紅塵般若

無菸，無酒，
無懼，無愁。
遠我而去者，
往日之日不可留；
迎我而來者，
翌日之日春復秋。

無青牛之可騎，
無蝴蝶之可夢，
無桃源之可尋，
亦無終南之可隱。
在這滾滾的十里紅塵之中，
且任我和老伴牽手徜徉吧！

有筆，有墨，
有詩，有書。
筆如寶刀不老，
墨似蓮池長春，
而我揮灑自如的受想行識，
乃依然是紅塵中的般若了。

三、詩文迦葉

當往昔與今後之交替，
在憂患和承平的邊緣；
曾扮演著詩文迦葉，
執筆仗劍而屹立於此，
沒有塵世香火或人間煙火，
過目唯見動亂的烽火漫天。

如今，長安行樂處，
已不再城春草木深，
而又是冠蓋京華的季節；
有多少人走馬蘭台，
有多少人走馬章台，
但誰又去走馬輪台了呢？

而詩文迦葉是不會老去的，
只不過有時很想逃禪而已；
雖然曾有筆如劍，
或者曾有劍如筆，
此時卻只想還原自我，
攜著老伴兒優遊歲月。

四、華實揭諦

從芥子到須彌，
由濫觴到江河，
經坎坷而康莊，
歷戰亂而昇平；
那些路程已走過來了，
那些歲月也渡過來了！

而我們這一代的際遇，
就曾經是路，也是橋，
伏在雨中，雪中，泥濘中，
任人走著，跑著，踐踏著，
而後來者卻不會說一個謝字，
說不定還常有過河拆橋的事。

揭諦揭諦，波羅揭諦，
春華秋實，同證菩提，
人生如此而美好無比；
親愛的老伴兒啊！
讓我們歡笑著牽手並肩，
平安幸福的壽邁期頤吧！

鐘順文作品

鐘順文，一九五二年生於印尼雅加達，著有詩集：《六點三十六分》、《放一把椅子》、《頭髮和詩》。散文集：《舞衣》、《H大調》。曾獲高雄文藝獎、國軍文藝金像獎、海軍金錨獎、全國青年優秀詩人獎、心臟詩獎等；詩作曾入選大陸、日本、韓國及本國詩選。詩觀爲：解構生活，再用心靈結構成精神的建築。外向內在的外在，內向外在的內在。任何具象都能由抽象去象象。

扯鈴

誰說一根繩子
不能將一個小宇宙懸在空中？

他經常拿一根繩子
把玩屬於自己的夢想和天真
把結構和解構連在同一條繩上
自己卻幻成那條繩子
扯前世和來世
在起起落落的離心力裡
找今世的謎

哪是怎樣的一種牽扯？
遠看是月球，近看竟是地球
而邊界又在哪裡？
拉回尚在作夢的夢境

扯走尚未醞釀的現實
管它旋鈴落在幾度的繩上
作怎樣的一種翻滾

誰說一根繩子
不能將一個人沉溺在執著裡

踩鐵罐

我右手拉繩子的這一段
那左手旋空的一端交給誰呢？
總不能讓寂寞的空罐子
聽疾風的訴苦吧
還是放一段繩子
讓空罐子的大嘴巴
嚐嚐大地的原味
卡卡卡卡，任地吃一路的回憶

我右手拉繩子的這一段
想把童年拉回甚至剎停在前方
而中年的那一段
就交給左手另一端繩頭扣住的空罐去搜尋

一起一個春夏
一落一個秋冬．
茫茫的晚年
要靠我右手的拉繩
拉它回向，回向毫無心機的空罐童年
再看起起落落的人生
像右手的罐起
和左手的罐落

自答問錄

約談自己，在面海的所有空曠
所有的靈感都划水過來

讓往事向黑夜繳械
若剩一顆子彈，是留給
燈塔那溜溜不停的單眼
看蘆花如何翻白之後轉黑
一如漸漸入睡的天空
必須在夢裡約談自己
明日才不忘刷新一切
雖然面海的另一方有裸裎的藍色
金黃的眼光，終究不惑
那一陣一陣媚誘過來的高潮
早記得來時風一再交代的勸言
約談自己必須面海
在所有的空曠
先把體香交給海岸的樹
再將心事託雪描白
復全身投入整片的砂礫上
像那長了痲疹的點字書

鐘雲如作品

鐘雲如，一九五四年生，台灣桃園人。一九八三年初與劉菲先生創辦《鐘山詩刊》。台灣筆會會員。詩觀爲：詩是人們內心深處的一點熱情。詩人寫詩是對生命、環境仍抱持希望。一個社會能保存詩的氣息，冰冷的人際關係亦能瓦解。

迷園

黑似白
香似臭
文似武
愛似不愛

十月
夢和現實在拔河

伯勞鳥

自由
就是堅毅的翅膀
飛越海洋
橫渡寒冬
永遠的飛翔

就是映現生命的美好

反嘴鴴

昨日所追逐的
文明
今日
我又如何測量它的
深度
至於明日
我是否只能詠歎
靈魂的杳渺

黑面琵鷺

大千之水自天上來
如是
我踩著輕快的腳步

尋找
一彎清流
天
有多遠
倒映在黑水中的天
只是被踩破的一廂情願

五色鳥

把一片幽林
披在身上
夠安全嗎
將小小微顫的心靈
和樹
一起取暖

鍾鼎文作品

鍾鼎文，一九一四年出生於安徽省舒城縣，三三年畢業於上海中國小學大學部，三六年畢業於日本京都帝國大學。三〇年開始以筆名「番草」發表新詩，深受詩壇重視，四九年來台灣後，發表作品悉用本名，出版詩集計有五一年「行吟者」、五六年「山河詩抄」及「白色的花束」、六七年「雨季」等。作品譯成外文約十餘種並收入詩選；共出版詩集者計有英文《高原》、法文《橋》、德文《乘雲》及《人體素描》、荷蘭文《橋》等。歷任中華民國新詩學會理事長、世界詩人大會會長及世界藝術文化學院院長。主張新詩「歸宗、歸真」。

無題

你來也無影，
你去也無蹤；
我心靈裏的靜燭，
卻為你搖搖顫動
——你是風？

你歡也無聲，
你悲也無音；
我心靈裏的朗月，
卻為你朦朦翳昏
——你是雲？

仰泳者

太空浩瀚無垠，是閃爍而陰森的星海；
我們的世界是這海裏的仰泳者——，

身體浸沒、浮在海面上僅有的頭。
它的頭角崢嶸，面骨嶙峋，容顏憔悴，
滿臉洋溢著縱橫的汗與淚，
因無終止的苦役而喘息不休。
廣闊的額是大陸，從歐羅巴到亞細亞，
聳起的鼻是高原，從帕米爾到喜馬拉雅，
兩頰一明一暗，
是亞美利加與阿非利加……
在它苦痛抽搐的臉上，
我們劃出無數個部落、城廓、邦國，
如像蜂底巢，蟻底穴；
我們為領域的爭奪而流血，
為大地的墾拓而流汗，
為皮膚、服飾、徽章、旗幟的不同顏色，
如潮如汐地，連年的征伐綿綿。
從獨木舟、三桅船、到潛水艇，
從獵鷹到噴射機……
我們以最高的智慧、機警與殘忍，
加工我們的戰爭，成為超越的藝術；
將我們自己與子弟，
教育成蜂與蟻的同族，
以整齊的制服，包藏著嗜血的靈魂。
在我們這一代短短的半世紀裡，
世界有過兩次的血洗；
巨人之腦因兩度的高熱而充血，
赤紅的額燃燒著邪惡的瘋狂。
更有人攀登它的鼻尖，
在埃佛勒斯峰上，揭開了最後的神秘；
一座無名氏絕大的雕刻，
呈現出粗獷的輪廓——
這是受難者耶穌多稜角的角面像，
這是悲多芬莊嚴、倔強而安詳的死面(註)，
這是被俘不屈、蒼白乾癟的英雄首級，
這是身軀埋進沙漠、猶剩頭角的司芬克斯……
地球！偉大的仰泳者之頭，
浮在滄茫的星海上，永恆地
朝向著南方——任何指南針所指定的方向；
因為，這個方向正面對著

宇宙唯一不熄的光源，
和她溫暖的撫摩。

註：「死面」(Dead Mask)，悲多芬彌留時的面部塑像。

秋夜、懷李白

序齒——
李白老弟小我二十歲。
論輩——
李白老師早我一千二百年。

古長安的千古秋月
悄悄地　默默地　夜訪台北
草木不驚
萬户無聲
高　下　遠　近的
亭　台　樓　閣
染上秋色　夜色　月色

一時為我
滿頭銀白——
似霜　非霜
似雪　非雪

百尺高樓　樓頭一角　有孤燈未滅
燈下白頭人猛然驚覺
窗上月影是
李　白
千古不散的魂魄　前來勸説：
何必閉門讀史？
何不開窗讀月？
渺渺乾坤　悠悠古今——
成敗　盛衰
聚散　離合
興亡　續絕……且看作
月明　月暗
月圓　月缺
月出　月落……

鴻　鴻作品

鴻鴻，本名閻鴻亞，一九六四年生於台南。國立藝術學院戲劇系畢業。曾任《表演藝術雜誌》、《現代詩》主編，劇場及電影編導，現爲密獵者劇團策畫、導演。曾獲時報文學獎及聯合報文學獎新詩首獎，並獲布魯塞爾國際藝術節之邀展出詩作。著有詩集《在旅行中回憶上一次旅行》、《黑暗中的音樂》，散文集《可行走的房子可吃的船》，小說集《一尾寫小說的魚》等。

分離的世界

鎮日坐在樓頂張望煙雲
用塑膠長尺敲擊攀上窗沿的成排手指
看它們黝黑粗短的樣子就準知道
又是那些轉世的水妖

徹夜地下水道虎虎奔行
掄刀揮砍入侵者弔在洞口的半截身子
透出天空方才發現
原來外面已不知下了多久大雨

帶著拔過牙的隱痛在垃圾飛捲的大街遇到
兒時暗戀的女生
長辮依舊挽在肩前
我知道，她已死去多年
然而她不是前來表徵超越或溝通仍存在這

時代
真的……而只是巧合
而只是一陣錯愕，又支吾難言
且長夜將盡，來不及選擇
狂喜或悲泣，來不及
交換地址她就已倉卒消失

秋天的床

如何測知夏末漸次升起的涼意？
當在第二層薄被之上，再加一條
藍色的被巾，若再加一條
就當是鮮黃的
這樣剛好，夠溫暖也夠美麗。

就這麼決定了生的方式，選擇著
一碗麵，或一盤烤蝦，一朵花
或一個安分的吻，熱咖啡
或冰紅茶，爽一次約
或回一通電話，準時睡覺
或七航妖島，聽一首歌
或它的反面—決定暗處的精靈
要不要讓它出現。這有什麼不同？
如果將一枚銅板
拋向空中

而不將它接住：這也成為
一項選擇而無可避免

如此決定了生的方式，讓風格的選取
取代生之本質。如同君王，向猶豫的自己
發號施令，果斷，英明
而唯一的要求，只有
不許回頭
不許回頭望向渡來的彼岸

縱使那兒繁花似錦
不許回頭目送飄墜的鈕扣
縱使風已吹散衣襟
不許回頭拭淚或輕聲呼喚
縱使遺失幼獸已攀上窗檽
不許掀開被單，離開床鋪
縱使記憶有一片渴望陽光的肌膚

在熱病來襲之前
我做著決定。一層層
蓋好了生之床褥
生，無非是死的遲延。

最後晚餐

我攢緊拳頭
不讓手心的傷口提早迸裂
沒有人忍心說出，你持煙的手指
已經交叉成十字

啊，我心中有一片月光
照著你將復活的果園

無神論者端來的米飯，湯，菜，佐料都如
此甘美
牆外異教徒的情歌也令我落淚

如果有背叛者在我們中間
必定是魚沒有煎熟的那一面

我們都吃得太飽，開始睏倦
以致忘記了悲傷

謝輝煌作品

謝輝煌：民國二〇年（一九三一）十二月二十三日生。江西省安福縣人。初中畢業。曾任台長、幕僚、專員、編輯等職。現爲中國文藝協會、中華民國新詩學會等會員，暨三月詩會同仁。曾出席第二屆及第十五屆世界詩人大會，暨海峽兩岸詩學交流會多次，主張新詩應有中國語文及詩歌的特徵，守舊固不必，創新應以絕大多數中國人讀得懂爲依歸。作品有散文、新詩、傳統詩、時論、詩論及詩歌賞析，散見兩岸三地及新加坡等報刊。出版有散文集《飛躍的晌午》（水芙容・民國七一年一月）一種。

眼

對坐黃昏
大眼瞪小眼
瞪成一潭秋天
猛記起
魚兒吹浪的潭邊

山海關

雄關聳入雲霄
關外的風
掀不動關內一根棲鴉的羽毛
惟有一聲圓圓的嬌啼
鐵打的城門
再也關不攏了

野鳥與詩人

詩人先生
請寫一首詩
保佑我子孫綿衍

野鳥朋友
我保護了你
他要我腦袋下酒

浴缸

我把鄱陽湖
縮成一隻春潭
讓我的小美人魚
舞動花的彩鰭優遊其間
賞一幅廬山煙雨
滌盡人間憂煩

蔡文姬

哭著
花嫁胡地的風沙
哭著
挖下心頭肉回到娘家
哭著
血寫的胡茄十八拍
哭著
哭不出的心事
接受漢家天子的獻花

羅門作品

羅門，空軍飛行官校肄業，美國民航中心畢業。曾任藍星詩社社長、中國文協詩創作班主任、國家文藝獎評審委員。曾獲教育部「詩教獎」、中國時報推薦詩獎、中山文藝獎、菲總統金牌詩獎與大綬勳章。名列中文版「大美百科全書」。著作有詩集十三種，論文集五種，羅門創作大系書十種，羅門、蓉子系列書8種。已出版六本論羅門作品的書。作品選入英、法、南斯拉夫、日、韓，等外文詩選與中文版《中國當代十大詩人選集》等近一百種詩選集。

窗

猛力一推　雙手如流
　總是千山萬水
　總是回不來的眼睛

遙望裡
你被望成千翼之鳥
棄天空而去　你已不在翅膀上
聆聽裡
你被聽成千孔之笛
音道深如望向往昔的凝目

猛力一推　竟被反鎖在走不出去
　　　　　　　　的透明裡

女性快鏡拍攝系列

一、瘦美人

她站著
一根直軸
把眼球與地球一起轉
　　直到她走動

她走動
一縷飄煙
把曠野幽美的臥姿
　遠方溫婉的睡態
　　都先描了出來
　　　等著她臥下

她臥下
一條水平線　游在海上
擺盪成曲線　是江
起伏成弧線　是月
伸展成直線　便月湧大江流

二、老牌式主婦

在產房
　廚房
　臥房
她走進走出

乳嘴咬去她三分之一
菜刀切去她三分之一
剩下的　用來繡繡
　　愛鳳床單

三、老處女型企業家

把世界存放在銀行裡

用支票支付歲月
她坐在旋轉椅上
把整座玻璃大廈
旋成一隻水晶球
四面八方反射著
　太陽的笑聲
帶著笑聲回房
脫下名貴的浪琴錶
時間忽然靜下來
　　浪無聲
　　琴也無聲
燈熄後
只有那襲綢質透明睡衣
　抱住一個越來越冷感的夜

四、BB型單身女秘書

替公司
記下客户要的貨色
　與交貨時間
她把電話掛上
去接另一個電話
聽見總經理説
下班到玫瑰餐廳去
她對鏡
塗一下玫瑰色口紅
忽然發覺自己
也是一種貨色
　玫瑰色的
　準時交貨

羅明河作品

羅明河，筆名敏虹，一九四二年出生，台灣宜蘭人。曾主編校刊，並與同學合辦《宜風》、《蘭苑》雜誌。出版《浪花集》六人合集，結識朱橋前來台北，曾在幼獅文藝雜誌擔任編輯，亦在長歌出版社、重慶圖書公司任職。

一九七〇年暫別文壇返回家鄉，投身西藥房生意，婚後重來台北，成立個人編校工作坊，再重拾文筆生涯，出版譯著：《一把鑰匙》（頂淵文化）、《日本推理小說傑作選⑬》（林白出版社）、《傑出企業家的經管手腕》（漢欣文化）、《與時間賽跑》（書泉出版社），目前任職中國文藝協會秘書。

回歸零點

一夕之後
輕撫著下巴和雙頰
竟已成鬍鬚滿腮
華髮不知道在什麼時候多長出了幾根
偶爾常常如此地虛妄
在路過、走過、涉過的不知名那條街
自己索性地假裝好迤邐瀟灑記不起來
就當做無聊　或者無心
撣拂額頭上的亂髮
有時候甩甩肩膀跺跺腳跟
心想把惱人煩人的繾綣纏綿的戀念
甩掉、跺掉
此刻重新再來回歸零點
幾疑是無遠弗居的絕路
桑田可以滄海　阡陌可以縱橫
紅咚咚的太陽斜依到山坳的那一頭

將藍蔚蔚的天色潑灑渲染得幾多瑰麗
白皓皓的雲彩這兒一簇那兒又一堆舒卷著
緋紅中夾雜著幾絲綻青
綻青中又伴滲著幾絲緋紅
我一個人靜靜獨處時
總是喜歡與寂寞　和沉默交交朋友
可惜飛逝去的時光
不能隨意倒轉
也不能隨意拉長或剪短
悲哀創傷的時候
欲想躲掉滿身愁結處處的時候
能夠將流失的時光　抽掉剪掉也罷
年少桀驁　狂傲不馴
我只是個捉虹捕星愛雲的過客
僅僅在心裡頭
以及腦海　好浪漫好綺麗的塗鴉瀟洒
十年百年千年之後
伊仍舊是那付可愛憐惜的老樣子
最害人最憂心忡忡
是伊很標緻很特殊的另一份豐韻
卻遍尋找不著那千百片迷宮拼圖的小小出口
我已經不熟悉
好早好早以前　遺忘中的妳

相思季

大家都說蘭陽的氣候最溫柔
溫柔得像這兒的少女
可惜的　她們
總是愛穿著黑色的長襪

伊甸園中的葡萄也不能永駐在藤架
就佇足於水之湄
旋情遙望地
　　花和鳥的日子
雨季卻常常來得太早
我們都要忙碌
披起彩顏的雨衣和撐著傘

風，該向那邊吹
就讓它在那裡吹吧
你來就像水中的一朶花
就像浮萍
蘊含苞著幾許清怨
流露著幾許輕愁

且將永遠在綺夢
且將把你想起
在心頭

依然

我們踏過一片朦朧
踏過春華　踏過秋實
滑以天鵝的舞步
天堂只有兩個人
只有你和我
心的階梯有過笑音
心的廊下有過淚語
中正北路已不再屬於我的日子
灑我予晨霧
撒我予迷惘
窺望著地平線上
　望不見你的笑
望不見你瀟灑的身影

依依歲月　依依流水
你依然喜歡居住在菲科揚斯克

去聆聽那闋少女的祈禱
那是我的
別教我永遠在茵夢湖
畔上
　　這樣踱步
　　這樣徘徊
　　這樣數湖水

藍雲作品

藍雲，本名劉炳彝。另有筆名鍾欽、揚子江等。民國二十二（一九三三）年生。師範專科學校畢業，曾任中小學教師三十餘年；在寫詩的路上，也跋涉了數十寒暑。早年爲《葡萄園》詩刊創辦人之一，現任《乾坤》詩刊發行人兼總編輯。出版詩集有：《萌芽集》、《奇蹟》、《海韻》、《方塊舞》、《燈語》等。

也是遠方

也是遠方
一個永遠令人陶醉的地方
亮藍的天
情人胸脯般的海洋
抹了哪噠香膏的空氣
演奏田園交響曲的鳥唱
當我倦於這世路的顛簸
掩鼻於周遭的惡臭奇髒
那彩畫在我心中的桃花源
成了我最好的港灣與擋風牆
雖無舟楫，也無航空器
可以去那人人嚮往的烏托邦
我卻於一瞬間，不需簽證護照
便逍遙在那夢土上
因為去那兒並不遠，也不難

只要將一切羈絆遺忘
當下就像蛻化的蝴蝶般
蘧蘧然，在那兒起舞飛翔

午夜聞電話鈴響

是誰還沒睡？
忽然電話鈴響
自夜的心臟傳來
彷彿有人在長白山上的天池
投以石塊
那聲音，不啻當年
投擲於廣島的原子彈
讓那池邊的鹿群驚嚇得四散
讓睡夢中的我霍地翻身而起
既驚又憎，拿起話筒一聽
「喂！警察局嗎？」
我真想回一句：「你神經！」
但聽那慌張的語氣
我不禁同情地說
「先生，你打錯了。」
放下話筒後，我一直在想
不知那人是遭偷？抑或遭搶
是有人被綁架？抑或被殺傷
夜色深沉
我再也無法入睡

萬里長城，我來了

萬里長城，我來了
我要來看你這條巨龍
如何蜿蜒盤踞群山巔
如何奔馳翔舞天地間
你征服了大大小小無數的山峰
在無數人的血汗，無數人的淚中
你曾高舉抗敵禦侮的旗幟

展現威風凜凜的雄姿
而今烽火台的火炬不再
你卻成了遊客們的最愛

我來了，萬里長城
在這秋色醉人的時分
我來到你弓著的脊梁上
高而峻峭的八達嶺
一種欲飛　欲歌的衝動
將我帶入陌生而又熟稔的夢境
在那廣袤的原野上
萬馬奔騰，獨見一驊騮昂首而鳴
萬里長城啊！萬里長城
你是所有華族子孫的驕傲與象徵

鐵與水

你是巨人，你是力
在你的面前，誰也辯不過你
你的一聲鏗鏘
教所有的頭顱化成粉齏

而她祇是一個柔弱的女子
卑微如不堪一擊的螻蟻
當她默默走向你時
不曾引起你的絲毫注意

也許是三分愛慕，七分怨懟
也許是因愛怨交織而成的妒忌
為了一心要將你征服
她便緊緊偎著你，寸步不離

於是，你在她這樣的溫存下
便漸漸地，漸漸地失去了威力
最後，竟如腐木般
毀滅在她的手裡

藍善仁作品

藍善仁筆名荒馬，民國十二年生，江西省龍南縣人，海參大畢，政大行政管理研究。歷任教官、秘書、主任等軍職，上校退役後，續任高中教職十四年。著有《莽原》、《心靈上的陽光》、《青溪涓涓流過》等七種出版。曾獲國軍文藝金像獎、金錨獎、金環獎、文藝創作獎共計十五座。現任高市青溪文藝學會常務理事、高市文藝協會、文協南部分會理事。中國新詩學會、作家藝術家聯盟、詩歌藝術學會會員。曾出席中韓作家會議、世界詩人大會、海內外詩人及兩岸作家交流會議多次，作品收入其他專輯多達三十餘種。

盲

儘管黑暗全包裹我們
卻有人說
「黑色是最美麗的」

當日晷移轉到
沒有時值的蒼茫
正是你們的夢宵
亦是我們所視所感
沒有陰晴　無有圓缺
一片純淨世界

誰說我們是瞎子
心燈如月
澈照六合　以我們
無美無醜的大同心念

單純無色的永恒內在
盡你們一生心力追求
亦未必能摸索到
我們心境中的這一個圓

窗櫺

儘管封閉庭院
舉世風行
除非閉户自省
推窗望遠　總是
爽心樂事

古厝薄紙糊窗
象徵掩飾隱私　偶見
破紙迎風　窗櫺顯露
春光未必就能外洩

窗櫺　有眼無珠
格局雖小　個個孔明
風從那裡進來
心從那裡出去　每
一絲音　一片景
晴空萬里　陽光照射
通行無阻　窗外
白雲蒼狗　春華秋月
均是問古樓中　造詩
心靈佳釀

白髮情歌

昨天的來路
風急雨多
使我們亂了腳步
夢繽紛成雪花
隨歲月片斷飄落

半生歲月衾寒
紅顏人生虛度
塵世內外　譜成
一曲傷感情歌

別人的歌
一生聽得太多
今天才輪你和我
來吧　用
我們的心
我們的情譜
彈響落寞心弦
留住一片
西山夕照彩霞
隨晚風飛舞

顏艾琳作品

顏艾琳，一九六八年出生，台灣台南縣人。著有《顏艾琳的秘密口袋》札記、《抽象的地圖》詩集、《已經》散文、《漫畫鼻子》漫畫評論、《晝月出現的時刻》散文CD書……等著作。現為專欄、專題作家，企劃撰寫與系列編輯之專案執行。也是一名家庭主婦。

從十三歲發表作品算起，已和文字結下十七年不解之緣。而且還在繼續寫、繼續玩……。

我和那人之間的不可告密

那人之前悄悄地來了，
打開我的身體
偷了最珍貴的密藏，
還厚著臉皮邀我共享一切。

那人有著極大的秘密。
生長著嘴唇
卻不言語；
想借我的聲帶播出，
但我無法測知他的奧義，
只能乾嘔出莫名的單字。

那人如此寧靜，

明明偷取我的身體，
藉此不斷成長著；
啜飲我的血液
竊聽我體內的濤音，
但，
他不著一語。
對我不予置評。

那人微小而又將巨大，
不停地巨大，
偷偷換取我的光陰
追趕我離去甚遠的童年、
少年、
乃至我的現在。
他不懂謙虛地
快速成長……

那人是二十九年前的我。

而今，我有了那人。
那人其實來自另一個宇宙，
卻成為我的一部分；
完全不可告密的
奇蹟。

狩獵者身世

一到了夜晚，
月亮就賜予情欲盛開，
令狩獵者增加魔性，

於是，你將夢見我
以月光鍍滿身體，
看著我透明而神秘
在你面前施展開來
任何一切女體的私密。
你以為是我，

純潔得如初生天使的我，
其實是輪迴千萬次的狩獵者
於男女形像的歷劫中，
與你再次陌生地相逢。

一到了夜晚，
我的頭皮就發癢。
前世記憶在腦中沸騰，
冒出具有嗅覺的髮絲
尋找你的氣味；
自你的床上捕攫
你的靈魂，
勒緊咽喉，迫它不斷地吐出
每一次的身世
而我在故事裡面
還原又消失自己。

「最後的你和我，是誰？」
我問著答案的同時，
前世的密碼　歸：零

我來到時間之海岸
拎著兩瓶滿滿的靈魂書信，
寫上昨日遺書，
明日的預告，
在廿世紀退潮之前
丟付於不可知的潮動中。

我返身當下，
繼續現世的狩獵
並不期然地遇見，
問著「你是誰？」的你。

關　雲作品

關雲，本名汪桃源。湖南茶陵人，三十八年四月出生於台中縣大肚鄉。花蓮私立高中畢業。現職服務於新店私立友好復健技藝社。

波光粼粼

潛水者
潛出人性深海底
一望碧波
遠近
波光粼粼

一種聲音　喚我
　　　洗滌我
　　柔軟我
也柔軟周遭的一切
一種無形的力量
一聲向來吝於訴說的情話
脫口說出緊摟我
擁抱……

春潮

我從塵世的
喧囂聲中走出來
徜徉在心的沙灘中
許多經歷累積的智慧
　真理的追求
盡在文明的陷阱中
爭取生存
面對生活仍是危險與激情過程之後
潮來潮往之間
一波波平靜之後
愛的氣味
夢的顏色
自浪裡放歌

靜夜

在某夜
聽屋簷滴答的雨聲
心湖裡的靜默化成
　均勻的呼吸
我清楚凝聽——
若干年來
回首之後
仍有一種熱切的渴求
當人類在脆弱之時
需要愛或者被愛的時候
一種無形的力量正鞭策著我
縱使人生際遇如滾滾波濤
我仍不惜以真理的方式
靜待沉思和沉睡之後的清醒
迎向

坦途的黎明
到來

書海

一種沈吟、思忖和再三咀嚼
縱然波濤自理還零亂的飛花和一時
喧嘩的浪語裡
在急流的海上一度
　　　　寧靜
歲月裡拜醉在書海之賜
任風浪如何狂吹
仍樂在千鈞萬馬奔騰般
　　　　激情般的海上
寫詩

幽徑

常在夢裡和陶淵明攜手
採菊東籬下
有時於半個世紀
選在半睡半醒間
每夜
一顆遙遠而孤獨的星
那麼惶惶然的
面對這龐大的寂寞
仍不死心地
試圖妄想
在遙不可及的蛛絲記憶中
探究那傳說中的武陵仙鄉
無限的仰望
不問世事

蘇紹連作品

蘇紹連，一九四九年出生於台中縣沙鹿鎮，現任教於小學。詩創作已達三十年，一九六八年創立「後浪詩社」，一九七四年改爲「詩人季刊社」。一九七一年加入「龍族詩社」，翌年退出；一九九二年與向明、白靈、蕭蕭等詩人創「台灣詩學季刊社」至今。曾獲創世紀詩獎、中國時報文學獎、聯合報文學獎等詩獎，著有《茫茫集》、《河悲》、《童話遊行》、《驚心散文詩》、《隱形或者變形》、《我牽著一匹白馬》等詩集。

〈遺懷〉變奏曲

魂魄
掉落在酒中

細腰
懸掛在掌中

從揚州來的歲月
是讓夢輕輕行走的蓆子
是讓青樓女子斜倚的蓆子
曾經溫熱的，現在冰冷

〈長干曲〉變奏曲

君家什麼縣市什麼鄉鎮什麼街路？

妾家什麼縣市什麼鄉鎮什麼街路？
君家妾家不都是同在地球上？

地球之大，只需一舟划過，
便可從異鄉成同鄉！

〈問劉十九〉變奏曲

從綠色的裡面借一些寧靜，好嗎
從紅色的裡面借一些溫暖，好嗎

我為你釀一壺酒，好嗎
我為你燒一爐火，好嗎

我在綠色的裡面和紅色繾綣，好嗎
我在紅色的裡面和綠色擁吻，好嗎

爐火把我的身影投射在天空，好嗎
你看到我的身影就來喝一杯，好嗎

把我釀成酒，好嗎
把我燒成灰，好嗎

〈自遣〉變奏曲

對酒凝視，對酒沈思
對酒中的時間說：我喝下你

喝完了白天，再喝晚上。時間釀著時間

我衣服上落滿了花，埋了我，葬了我
孕了我，釀了我，我起身如蛻化的蝶

飛到時間的邊緣，對溪凝視，對月沈思
對酒中的時間說：我喝下你

喝完了時間，走完了人生。鳥還人亦稀

瘦雲王牌作品

瘦雲王牌，本名王志濂，湖北廣濟人，一九二九年生，陸軍官校二十四畢業。曾編著《金絲雀的呼喚》、《歌星成功之路》，創辦《中華民國新詩學會會訊》，出版《永遠的懷念》、《當代詩人情詩選》、《八十年代詩選》。寫作四十餘年，著有《雜文雜說》、《雜詩雜吟》及《歌詞與朗誦詩》三書。個性過於爽直，好打抱不平，得罪不少官員和朋友，商場上更是被坑得近乎「掃地出門」。幸朋友們都不計較，仍然視我為「詩人」、「作家」。作品殊多被甄選編入各種選集。

棄置在角落的鐘

由*0*到二十四時
由*1*到六十秒
日日夜夜　月月年年
不停地運轉

不分寒暑　不計秋冬
不論貴賤尊卑
不分販夫走卒
我　一視同仁
忠心奉獻　竭誠服務

終於　終於在時間面前停下
雙腳靜止　筋骨折斷
被棄置於房屋一角
任時間踩著我
譁笑而過

怒

充血的雞冠
懦弱者的裝飾
無能者的盾牌
暴君染血的真理

我的憾恨與後悔

愛情

時風時雨
時晴時陰
時膠時漆
時喜時怨

愛情
情侶們演出的魔術秀

椅子

爭來奪去
搶上滾下
或沐猴而冠
或稱孤道寡
或血流五步
或身首異處

椅子
總是靜靜地坐著
掛一抹訕笑
看人間

春

蓓蕾初綻　是春天拍發出來的
第一道電報

嚴冬已經過去　寒冷的腳步已遠
春，由長長的冬眠中
霍然醒來

她忙於釀造嫣紅姹紫
她忙於釀造靛藍黛綠和粉黃
且忙於以純純乳汁
哺育萬物莖葉和根鬚，以及
初綻的蓓蕾
啊！忙碌的春哪
她正在釀造　一個希望

蓓蕾初綻
當和風的唇吻遍大地
春，即從花瓶中一躍而出
燦然爆成
一
片
花
海

歐陽柏燕作品

歐陽柏燕，福建金門人。現任職於《國語日報》桃園語文中心。出版有《變心季節》、《失去季節的山丘》二本小說集。曾獲教育部文藝創作獎、台灣新聞報西子灣副刊散文獎、年度最佳小說獎。

火·鳥

燃燒的相思孵出一隻鳥
穿透夜的橫膈膜
　　點燃
掌紋
夾住一則愛的不變方程式

打開天窗
水與火不再堅持屬性
相思
火
鳥
流連荳莢的呼吸

貓來作客

假日邀請一隻貓來作客
窩在軟沙發
貓捲一團沒有線頭的慵懶
我織黃昏落日於魚鱗之上

魚缸中的魚
瞳孔播放一齣驚悸恐怖片
貓客人睡沉水光倒影
我的夢遠遠溺足「貓鼻頭」
氣溫陡降

醉語

為了模糊一種思念
我選擇醉酒
把你的眼睛與甕底的葡萄醃在一起
把你的雙唇捲成一片新葉吹奏笛音
天上的星
歪倒在霓虹燈管上燃燒
草叢中的螢火蟲
翩翩想飛到夜空拱月

暗夜笛音墜落
眼睛與葡萄盡成渣滓
我只能選擇
把你的鼻息　貯存在夜來香的花瓣上
把你的耳語　貼附在我苦釀的酒罈邊

宣愛詩箋

月彌

空瀏的蜂巢
等待花卵散播春天
夜赤裸裸追逐滿月

花朵紛紛躲到處女星座上釀蜜

露醒

一隻沒有翅膀的愛情鳥
啣走意象的天空
渴望受精的露珠
紛紛藏入乾柴堆等待發酵

夢遺

仲夏成熟的月
噘起圓圓的嘴唇
吻開雄蕊與雌蕊
寂靜的湖畔　一朵夢遺的水薑花……

絶版的愛情傳説

山谷裡的一個樹洞
埋葬著海拔以上的愛情
千隻啄木鳥也啄不醒枯木的心事
如鏡的嫩芽僵冷為遠方的雪

雪花飄墜成一排倒置的鐘
山谷的迴音發白又發紅
擁著雕像跳舞的月光
紛紛走進絶版的傳説

春天，啄木鳥不來
枯木擁抱刃刃的天空
聆聽山谷的鬱金香
叮噹傾斜一個午后

編後語

一信

民國八十六年九月十九日召開之新詩學會常務理事會議，對本會成立三十週年紀念有關事項，作了很多重要決議，其中有一項是出版會員詩選集，並推定由筆者主編。當時筆者並未表示任何意見，因爲這項決議中，無經費來源及籌措之具體辦法。無錢、無人、無具體可行計劃，雖有決議，但可行性顯然頗有疑問。

十二月初經人告知，已接到綠蒂先生邀稿通知，經打聽方始知係文建會已應允贊助該詩選集之出版，惟甄選之詩，已由本會會員作品擴及有關之詩友作品。八十七年初，秘書長電話詢筆者是否願編該詩選？筆者略作考慮答曰：有人願編最好儘量找別人編，惟既經常務理事會推選，請亦按程序處理。筆者如此回答，係避免誤傳是既默允主編，又出爾反爾不肯編，有違一（誠）信原則。迨至今年二月接秘書長電話通知，至文協拿詩稿來編。前往拿稿時，並經告知，仍有稿件陸續寄來中，並因適應經費報銷，六月中旬一定要出版。

此次入選詩人共一二九位，每位之作品均連小傳編爲兩頁或三頁，加上序、目錄、蝴蝶頁、編後語，共計約三百七十餘頁，由一人作編、審、校等工作，且時間有限，不得不趕工，尤其初審編排稿件及初校，極爲耗時，且打字排版之時間亦特別長，最後不得不努力趕辦，因此心中頗不落實與惶恐，惟恐錯誤。如有疏漏，尚祈詩友見諒。

我國之詩，以唐朝的好詩人及好詩最多，且詩風各有所長，如李白的豪放，杜甫的深鬱，李商隱的晦奧，白居易的通俗，李賀的奇艷，賈島的瘦削，溫庭筠的綺麗，韓愈的奇險……等等；再於生活層面上，如杜甫、白居易的關懷社會，李商隱、溫庭筠歌頌愛情，王維、孟浩然醉心田園，高適、岑參行吟邊疆，其他或頌禪哲，或歌禮樂，或悲戰亂，或賦閨怨，或吟花鳥……等等，都是各展所長，各抒其妙，且互相推崇，並常詩詞應合；從少見互相攻訐、詆毀者。因此，這本詩選集之詩，不拘派別，不問風格，更不涉意識形態、政治主張，也不管作者年齡老少與寫作年月長短，祇要是好詩就選入。這種有容乃大的甄選方式，希望能得到各具慧眼的讀者之各別欣賞、喜愛。

本詩選集出版，雖小有機妙之波折，亦令人不無感想與感慨，但終能順利出版，自是値得高興與欣慰的，畢竟又有了一二九位努力的詩人，與大家作詩美學的溝通，也是作美好的靈性交誼。但筆者要特別提出的是，此詩選集能順利出版，應歸功於理事長之決定與秘書長爭取經費、處理行政、經費事宜，羅明河先生的行政支援及協助，亦殊多助益。筆者謹單純編校而已，毫無可稱道之處，若有謬誤，尚盼讀者、作者寬予宥諒。

以上各情，錄記於本集之末，聊稱之爲編後語也。